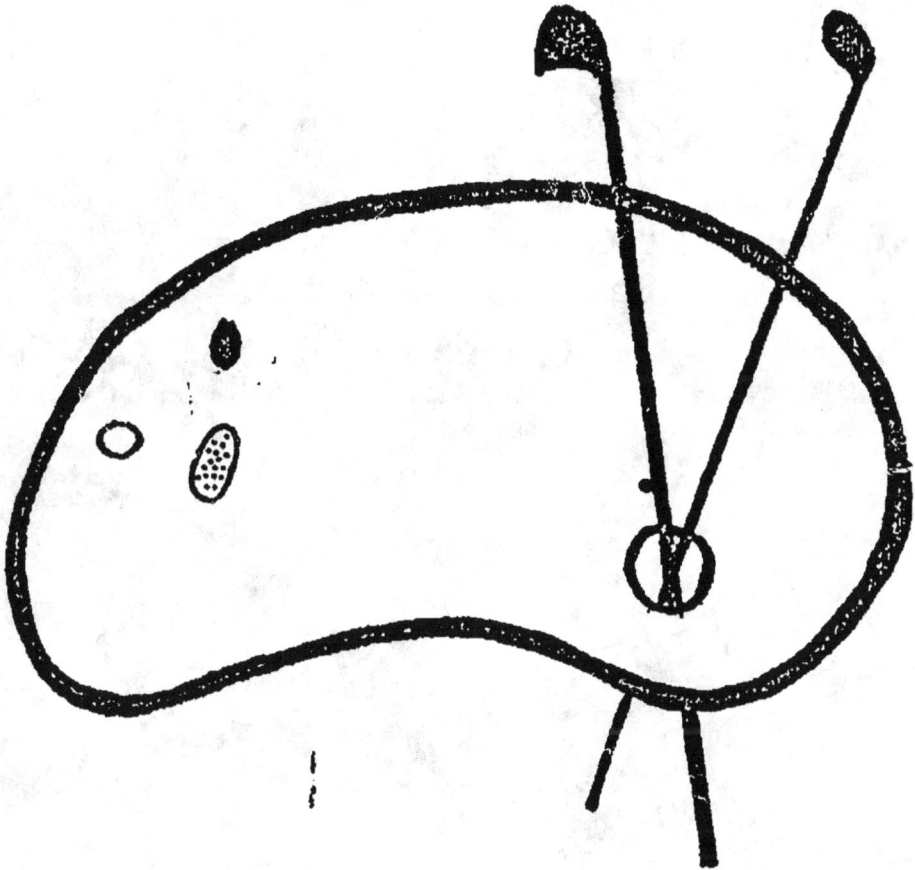

**COUVERTURE SUPERIEURE ET INFERIEURE
EN COULEUR**

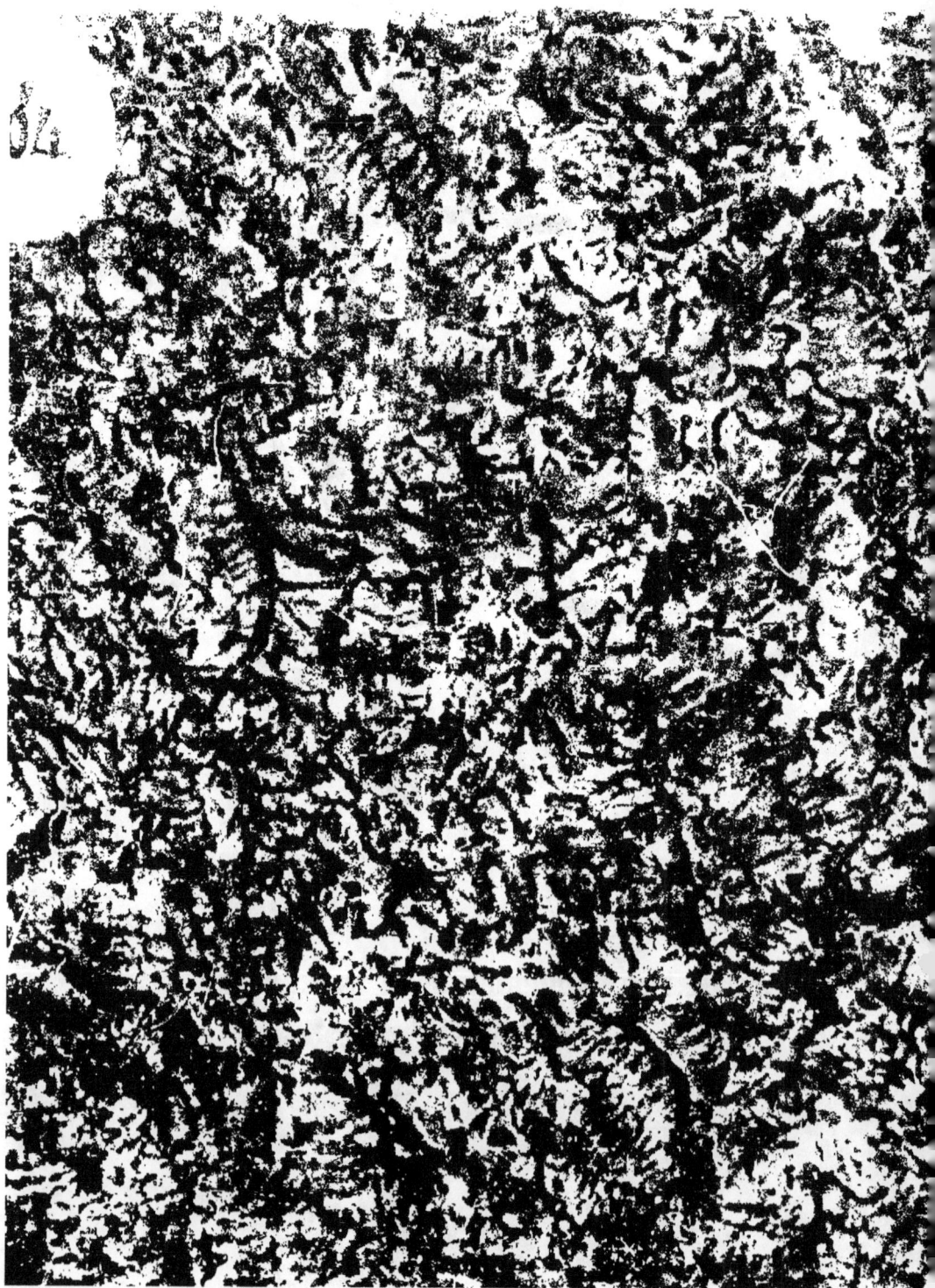

DU PÉRIL

DE LA

BALANCE POLITIQUE

DE L'EUROPE.

par Mallet du Pan

Accipe nunc danaum insidias.

VIRGILE.

A LONDRES.

1789.

DU PÉRIL
DE LA BALANCE POLITIQUE
OU
EXPOSÉ DES CAUSES

Qui l'ont altérée dans le Nord, depuis l'avénement de CATHERINE II au Trône de Russie.

Accipe nunc Danaum insidias. . . .
VIRG.

UNE Puissance presque ignorée, en Europe, au dernier siécle, successivement agrandie aux dépens de tous ses voisins, n'ayant fait servir sa civilisation qu'à des projets de conquête, menaçoit, depuis quarante ans, l'équilibre du systême politique. La Suéde, la Pologne, la Porte Ottomane, la Prusse, l'Allemagne même s'étoient déjà ressenties de ses entreprises; toutes les Cours de l'Europe

A

avoient éprouvé ſes hauteurs, lorſqu'une tragédie porta Catherine II
ſur le Trône.

Depuis cette époque, de la mer
Caſpienne au détroit de Gibraltar,
il n'exiſte pas un Etat dont la Ruſſie
n'ait troublé la tranquillité, ou alarmé
la prévoyance. Chaque année a vu
naître de nouveaux deſſeins : ils tien-
nent évidemment à un plan général,
& leur exécution n'a rencontré d'autre
terme que celui des reſſources de
l'Empire, momentanément forcé à
des temps de relâche, par l'abus même
de ſes moyens. Leur épuiſement néanmoins n'a pas garanti la ſûreté des
autres Etats; car la main, fatiguée de
les combattre à force ouverte, leur
préparoit une guerre non moins dan-
gereuſe pendant la paix : ceſſoient-
ils d'être en butte au fer de ſes ſoldats,
ils avoient à redouter le danger de
ſes artifices; on les attaquoit par des
intrigues ou par des négociations;

leur intérieur troublé offroit un théâtre de divisions & de désordres, dont les ressorts se forgeoient à Pétersbourg; enfin, après avoir opposé, dans le Gouvernement de ses voisins, les volontés aux volontés, les intérêts aux intérêts, l'Impératrice de Russie dominoit seule au milieu de cette anarchie, dictoit des loix par ses Ambassadeurs, & prévenoit toute combinaison de résistance.

Ce tableau est gravé dans l'histoire fidelle des vingt dernières années du Nord & du Levant. L'Europe entière a vu, au même période, la Porte Ottomane menacée d'une invasion, dont l'Asie devoit à-peine arrêter les limites; ses tributaires corrompus; ses Alliés gagnés ou intimidés, la Crimée asservie, la Suéde sous le joug d'une Faction dévouée à la Russie, Faction abattue sans être détruite, & renaissante par la même protection qui avoit plongé le Royaume dans un

dépériffement univerfel ; la Pologne
également punie du vice de fes loix,
inondée de Troupes Ruffes, fubju-
guée, démembrée, traitée en tout fens
comme une Province Mofcovite ; la
Courlande réduite au dernier avilif-
fement ; les Confeils du Dannemarck
gouvernés par la même influence,
obéiffant à la même impulfion étrangère ; la Pruffe ifolée au milieu du
Nord de l'Allemagne, entre deux Empires dont l'alliance & les projets voilés
pouvoient, au premier choc, fe diriger
contre le défenfeur naturel de la
liberté Germanique. Le refte de l'Europe, paffif ou indifférent, ne con-
fervoit plus que le rôle de témoin ;
celui d'Arbitre lui étoit échappé.

Dans ces conjonctures, la Porte
Ottomane, laffe d'acheter la paix
par des ceffions qui mettoient fes
ennemis toujours plus en état de la
lui faire acheter encore, a éclaté ; &
fon exemple a réveillé les Puiffances

qui, en secret, partageoient ses ressentimens. Chacun s'est demandé ce qu'il avoit à espérer ou à craindre de cette secousse. Elle a ébranlé la moitié de l'Europe ; &, du fond de l'Italie à celui de la Baltique, s'est élevée cette grande Question : *Quelles seroient les suites d'une guerre qui augmenteroit, en l'affermissant, la prédominance inquiète de la Russie ?* Où les faits parlent, les raisonnemens sont inutiles ; l'histoire seule est ici le flambeau de la prévoyance : de l'action des mêmes causes doivent dériver les mêmes effets ; ainsi les événemens passés nous avertissent de ceux qui se préparent ; ainsi le problème des conséquences de la guerre actuelle, exige l'examen d'un seul point fondamental. *Quels ont été les principes permanens de la Cour de Russie, & leurs résultats depuis le Régne de Catherine II ?*

Pour résoudre cette question, il

faut écarter les fophifmes desPolitiques inconfidérés, & les allégations des manifeftes : la vérité repofe ici fur des événemens de notoriété publique. Développons-en la chaîne ; elle nous ménera à des conclufions fur le maintien de la Balance Politique, propres à frapper les Puiffances les moins attentives à leurs intérêts.

Politique de la Ruffie avant le Régne de Catherine II. Vers le milieu du Régne de Louis XIV, céux qui connoiffoient le nom des *Mofcovites*, ne s'en formoient d'autre idée que celle qu'on nous donne aujourd'hui des Tartares & des Cofaques. Mais, lorfqu'un homme, né avec plus de caractère que de génie, plus propre à gouverner par des paffions hardies, que par l'empire lent de la Sageffe, Conquérant heureux & Légiflateur violent, eut ébranlé ce coloffe enféveli dans l'obfcurité de la barbarie, on le vit furprendre la place de Puiffance prépondérante, avant même que l'Europe eût le temps de fe reconnoître.

Ce nouvel Empire, entré brufquement dans le fyftême général, annonça immédiatement le deffein d'y dominer; il s'en occupa avec des forces proportionnées à fon ambition. A fa tête, on vit un Defpote, maître abfolu de la huitiéme partie de la terre habitable, de mines opulentes, de cent Nations accoutumées à tout fupporter, les rigueurs du climat, la faim, les privations; aguerries par l'habitude de la barbarie, difciplinées par le joug de la fervitude, infenfibles à la mort comme à leur misère, opiniâtres au combat, ne connoiffant ni la crainte ni la défertion ; plus propres à conquérir & à dévafter qu'aux guerres défenfives, remplaçant enfin l'émulation & l'amour de la Patrie, par un attachement fanatique à leur Religion. Tels furent les Peuples que Pierre - le - Grand

rapprocha du Nord de l'Europe &
de l'Allemagne, lorfqu'il tranfporta
le fiége de fa domination à Péterf-
bourg.

Dès-lors, les anciens rapports de
l'Empire Ruffe s'étendirent & chan-
gèrent de nature : il ne fe borna plus
à inquiéter quelques Nations afia-
tiques ; maître d'une Marine fur la
Mer Baltique, fon exiftence intéreffa toutes les Puiffances maritimes ; fes
milices nombreufes & aguerries pouvoient fe porter facilement en Pologne, en Suéde, en Dannemarck,
en Allemagne, défoler le premier de
ces divers Etats qui oferoit penfer à
une rupture, en feconder les ennemis par des diverfions. De-là une influence inévitable de la Cour de Péterfbourg, fur les Puiffances de l'Oc-
cident & du Midi que les circonftances appelleroient à des démêlés
avec le Nord, ou avec l'Empire Germanique : certes, le politique le plus

clairvoyant ne se doutoit guères, à la paix de *Neustadt* (en 1721) que, vingt-cinq ans après, un Roi de France déféreroit à la fille de Pierre I. le titre de MÉDIATRICE DE L'EU-ROPE (1); qu'une armée Moscovite s'approcheroit du Rhin, à la demande des Anglois, & que, dans la guerre suivante, ces mêmes Russes saccage-roient la capitale du Brandebourg.

Par la même cause, l'alliance de cette cour devoit être recherchée. Suivant les conjonctures, l'autre ex-trémité de l'Europe pouvoit un jour ambitionner son amitié : pas un intérêt politique auquel la Russie ne pût mêler le sien, puisqu'elle pesoit également & sur tous les Etats con-tigus, & sur la Balance générale.

A tant d'avantages elle unissoit encore celui d'être rarement réduite

---

(1) Lettre de Louis XV, du 18 Février 1745, à l'Impératrice *Elisabeth.*

à la défensive; de n'avoir entr'elle &
les grandes Puiſſances militaires, que
des Etats affoiblis, diviſés ou aſſervis;
de pouvoir, en violant impunément
le droit des gens; ſe rendre maîtreſſe
de ces barrières, & porter la guerre
à une grande diſtance de ſes domaines.

Ses forces, ſa poſition lui promet-
toient donc un aſcendant marqué
dans les négociations. Auſſi déploya-
t-elle conſtamment cette politique
hardie que favoriſe la ſécurité; ſub-
ordonnant ſes traités à ſes intérêts,
elle changea d'Alliés tous les dix ans,
& nul cabinet ne réunit à un pareil
degré, & la hauteur & l'artifice.

Les dernières années d'Eliſabeth I.
conſtatèrent le danger, dont cette
Cour hyperboréenne pouvoit menacer la liberté Germanique & le Nord
entier. Une alliance qui reſſembloit
à une conſpiration, ſe forme dans le
ſecret contre le Roi de Pruſſe, entre

la Czarine & les Maisons d'Autriche
& de Saxe. La France participe à
cette confédération & pénétre à l'oc-
cident de l'Allemagne, dont la partie
septentrionale étoit envahie par les
Russes. Gouvernée par les mêmes
factieux qui venoient d'anéantir l'autorité Royale, & de verser sur l'é-
chaffaud le sang des plus illustres
maisons de l'Etat, la Suéde égarée
s'unit aux projets de ses ennemis
éternels ; elle attaque la Poméranie
Prussienne, tandis que les Russes s'em-
parent de la Prusse même : il est aisé
d'appercevoir les conséquences qu'auroit eues cette imprudente combinaison, sans le génie du héros qu'elle
aspiroit à écraser, & sans l'événe-
ment qui, en 1762, plaça *Pierre III*
sur le Trône de sa tante.

Ce Prince, qui n'a été long-temps **Pierre III.**
connu en Europe que par les calom-
nies de ses assassins, ce Prince né Al-
lemand, élevé à l'Allemande, avoit

toutes les inclinations de fon pays natal, & du mépris pour celles de fes nouveaux fujets. Maître du Holftein, par conféquent membre de l'Empire Germanique, il ajoutoit encore un poids à la Couronne des Czars: par fon fuffrage à la Diéte, il intervenoit de droit dans les affaires de l'Allemagne ; de nouveaux rapports avec les Puiffances de la Baltique, fortifioient fon influence, comme Souverain de la Ruffie. Heureufement, cette perfpective ne put le corrompre ; il ne confulta que fon reffentiment contre les Danois, & fon amitié pour *Frédéric* le Grand : la raifon même étoit d'accord avec fa modération ; car la guerre ruineufe qu'*Elifabeth* faifoit au Roi de Pruffe, avoit coûté à la Ruffie trois-cents mille hommes & au-delà de trente millions de roubles. (2.)

---

(1). Voyez *Mémoires de Manftein.*

Quand *Pierre III* n'auroit à l'eftime publique d'autre titre que d'avoir' fauvé un Souverain, à la puiffance duquel étoit attaché le maintien de l'équilibre, fa mémoire mériteroit des égards. Dans quelques Ecrits vénals, publiés par des voyageurs & par de prétendus Hiftoriens, on a tourné en ridicule fon attachement au Roi de Pruffe, comme étant l'effet d'une manie & d'un puéril amour de l'i-mitation. Certes, c'étoit une manie bien excufable que cet enthoufiafme pour les qualités d'un homme qui opéroit tant de prodiges de fageffe & d'intrépidité, & c'eft une paffion bien rare parmi les Souverains, que celle qui les éléve à l'héroïfme de l'amitié.

Cette profonde eftime de *Pierre III* pour *Frédéric le Grand* dénotoit au-tant de jugement que de fenfibilité. Les ennemis de la Pruffe à Péterf-bourg avoient été d'infignes perfé-

cuteurs du jeune Czar , pendant la
vie d'*Elifabeth*. Ouvertement , ce
Prince avoit contrarié leurs mefures ;
il agit donc d'une manière confé-
quente en foutenant le Roi de Pruffe.
Ce Monarque alloit être privé même
de fes alliés ; le nouveau Miniftère
Anglois le menaçoit d'une défection,
& fon falut fembloit dépendre du
fuccès de quelques négociations à
Conftantinople , & des mouvemens
incertains du Khan des Tartares.
Ecoutons en quels termes ce Héros ,
fi bon juge des hommes , a apprécié
la générofité de *Pierre III.*

« Le Roi avoit cultivé l'amitié du
» grand Duc, dans le temps où il n'étoit
» encore que Duc de *Holftein ;* & ,
» par une fenfibilité rare parmi les hom-
» mes, plus rare encore parmi les Rois,
» ce Prince en avoit confervé un
» cœur reconnoiffant : il en avoit
» même donné des marques dans cette
» guerre (de fept ans) ; car ce fut

» lui qui contribua le plus à la re-
» traite du Maréchal *Apraxin*, en
» 1757, lorſqu'après avoir battu le
» Général *Lewald*, il ſe replia en
» Pologne. Durant tous ces troubles,
» ce Prince s'étoit même abſtenu d'aller
» au Conſeil, où il avoit place, pour
» ne point participer aux meſures
» que l'Impératrice prenoit contre la
» Pruſſe, & qu'il déſaprouvoit. . . . .
» Le Roi n'agiſſoit point avec l'Em-
» pereur comme de Souverain à Sou-
» verain ; mais avec cette cordialité
» que l'amitié exige, & qui en fait
» la plus grande douceur. LES VERTUS
» DE PIERRE III FAISOIENT UNE
» EXCEPTION AUX RÉGLES DE LA
» POLITIQUE ; il en falloit bien
» faire de même pour lui (1) ».

Voilà le témoignage rendu à la
mémoire de Pierre III, vingt - cinq
ans après ſa cataſtrophe, par le génie

----

(1) Hiſtoire de la guerre da Sept ans. Edition de
Berlin, T. 2.

le plus pénétrant, avec le fang froid
de l'âge & le calme de la réflexion,
dans un Ouvrage pofthume, confacré
à la juftice & à la vérité. On ne fup-
pofera pas que l'illuftre Auteur pei-
gnoit le dernier Empereur de Ruffie
d'après les illufions de l'amitié; &,
quand on le fuppoferoit, l'Hiftoire
véridique de Pierre III, combattroit
la légèreté de ce foupçon.

La première infortune de ce Prince
fut d'être appellé, adolefcent, par
Elifabeth, à monter, un jour,

Sur ce Trône gliffant dont vingt Rois defcendirent.

. . . .

La feconde, d'avoir été tiré du
Holftein, pour devenir efclave à Péterfbourg : la troifiéme, d'avoir été
marié. L'Impératrice, fa tante, ar-
rivée à la Couronne par une révolution fouillée d'injuftices, craignoit
fans ceffe qu'une révolution ne la lui
ravît. Elle fit, de fon neveu, une
efpéce

efpéce de prifonnier d'Etat : le Cabinet , les Conférences du Confeil
lui furent fermés ; tout commerce
avec lui étoit fufpect ; jufqu'à fes Sujets
Allemands furent privés de la douceur
de l'entretenir en liberté ; l'attachement de fes domeftiques devenoit
pour eux un motif de difgrâce ; on
ne l'entouroit que de fes ennemis,
& l'on ne put acquérir le droit de
l'approcher , qu'en devenant l'efpion
de fes mouvemens & de fes penfées.
La méfintelligence , qui régnoit entre
le grand Duc & fon époufe, laiffoit
le Prince fans confolations domeftiques ; dans cette déplorable fituation,
il ne conferva de liberté que pour
l'exercice de fes défauts : les manœuvres militaires de quelques foldats
qu'on lui laiffa à Oranienbaum , formoient fa feule récréation. Forcé d'être
oifif fur tout le refte, ce divertiffe-
ment abforba fon intelligence ; mais
une contrainte fi indigne ne la brifa

point : irrité de fon état, il éclata,
plus d'une fois, en murmures & en
emportemens.

Cette liberté de plaintes donna
lieu à une intrigue qui peut fervir
de fil aux déplorables événemens qui,
dans la fuite , privèrent l'Empereur
du fceptre & de la vie.

Le Chancelier *Beftuchef*, maître
de toute la confiance d'*Elifabeth*, étoit
l'ennemi déclaré du Grand Duc : il
l'accabloit de mortifications & de
dégóuts ; infolence qui devoit faire
trembler ce Miniftre de voir régner
l'héritier préfomptif. Il forma donc
le projet de l'exclure de la fuc-
ceffion au Trône , &, ce qui eft digne
de remarque , de lui fubftituer fon
fils le Prince *Paul* , fous la tutelle de
la grande Ducheffe, aujourd'hui *Catherine II* , qu'on devoit nommer
Régente. *Beftuchef* fonda la réuffite
de ce complot fur une multitude de
calomnies contre le grand Duc ,

fur le penchant d'*Elifabeth* à les adop-
ter ; enfin ; (la vraifemblance permet
ce foupçon) fur la condefcendance
de Catherine à dépouiller fon époux,
pour s'affùrer de la Régence. Il feroit téméraire d'avancer que la Princeffe trempa dans cette conjuration.
Mais *Beftuchef* eût-il ofé la concevoir,
s'il avoit eu à craindre la réfiftance
de la perfonne même, en faveur de
laquelle il confpiroit contre le grand
Duc ? *Elifabeth* , d'abord ébranlée ,
revint à des fentimens plus généreux : elle foutint fon neveu contre
les noirceurs du Chancelier ; il eft
même refté un mot de cette Impératrice qui prouve affez l'étendue de
fes foupçons : " *Je connois mon neveu*,
" dit-elle un jour aux calomniateurs
" du Prince, *il a le cœur bon, & je*
" *n'ai rien à craindre de fa part ; mais*
" *je ne connois pas fi bien ma niéce.* "
On fait que *Beftuchef*, enfuite dif-
gracié par *Elifabeth* , fut excepté de

l'amniſtie que proclama *Pierre III*,
à ſon avénement ; mais qu'il éprouva
l'indulgence de *Catherine II*, qui le
rappela de ſon exil.

Les faits qui précédent & qui re-
poſent ſur l'autorité de tous les Hi-
ſtoriens de poids, font appercevoir
les premiers nuages de la tempête,
dans laquelle *Pierre III*, ſe vit bientôt enveloppé. Une grande prudence
pouvoit ſeule le préſerver des écueils
ſur leſquels il marchoit ; mais, dans
le nombre de ſes vertus, il s'en trouvoit une, la confiance, qui le perdit.

Malgré les reproches juſtement
faits à ce Monarque, concernant l'excès de quelques-unes de ſes qualités ;
malgré le blâme qu'a jetté ſur ſa
carrière infortunée l'excès de quelques-uns de ſes défauts ; malgré les
impoſtures dont la haine & le remords
ont chargé ſa mémoire, il eſt con-
ſtant que peu de Princes ont eu des
commencemens plus ſages : ſes pre-

mières actions publiques suffiroient
à expier les torts de plusieurs années,
& les siens eurent à peine six mois
de durée.

Les prisons d'état & la Sibérie,
étoient remplis de captifs de distinc-
tion, victimes des Favoris & des Ministres d'Elisabeth. L'Empereur ré-
para ces injustices ; l'illustre *Munich*
fut rappellé & réintégré dans ses emplois ; *Biren* , *Lestocq* , & nombre
d'autres, dont plusieurs avoient of-
fensé le grand Duc , sous le régne
d'*Elisabeth* , furent remis en liberté :
Pierre III étendit sa clémence , même
sur les insolens Favoris de sa tante.
Ainsi le premier acte de son autorité fût d'être juste, ou de pardon-
ner. On sait avec quelle magnani-
mité il traita les officiers Prussiens ,
auxquels le sort des armes avoit fait
perdre la liberté, & qui gémissoient
sous le traitement le plus atroce.

Ses premiers pas dans l'administration intérieure, annoncèrent le zèle du bon ordre, l'application aux affaires, l'activité & la vigilance. Plusieurs fois, on le vit se rendre de grand matin au Sénat, à d'autres Colléges civils, y donner l'exemple du travail, & forcer, par sa surveillance, les Officiers des divers Départemens au respect de leurs devoirs. Il s'étoit proposé *Pierre le Grand*, pour modéle, & d'achever les plans de ce Légiflateur.

C'est à *Pierre III*, que la Ruffie doit les ordonnances les plus sages, qui euffent émané du Trône depuis quarante ans.

Il mit des bornes au despotisme de ses Ministres & au sien propre, en aboliffant cette infâme Chancellerie fecréte, cette inquifition d'Etat qui, au plus léger foupçon, faifoit enfermer, torturer, exiler ou mettre à mort les Nationaux & les Etrangers. Il s'étoit pénétré du principe, & fut

le défenſeur de la tolérance des religions. Enfin il rendit cet *Oukaſe*
mémorable , qui affranchit la Nobleſſe de la ſervitude du ſervice Militaire & des enrôlemens forcés , &
qui lui permit de voyager hors de
l'Empire , ſans permiſſion du Souverain.

Ces innovations ſalutaires furent
accompagnées, il eſt vrai, de quelques
autres changemens trop précipités ,
tels que ceux qui eurent pour objet
l'abaiſſement de la puiſſance du Clergé.
C'étoit un projet de *Pierre le Grand* ,
que la ſéculariſation des biens des
Monaſtères , ordonnée par ſon petit
fils. Les Moines poſſédoient un million d'eſclaves qui , chacun , ren-
doient d'un à deux & même à trois
roubles, en quelques endroits : l'Empereur aſſûroit aux Réguliers , des
penſions très-ſuffiſantes ſur cet immenſe revenu, & deſtinoit le ſurplus
à former des Etabliſſemens d'éducation

Nationale , des hôtels pour les invalides , &c , &c. La Raifon & la Politique approuvoient également le retard de l'émiffion des vœux par les Novices , & la réforme de la fuperftition idolâtrique qui tapiffoit les Eglifes d'images , auxquelles un peuple à genoux portoit l'hommage de fa dévotion; mais ces nouveautés peu préparées, choquoient les mœurs & l'opinion : la main puiffante & affermie de *Pierre I*, eût à-peine réuffi à en affûrer l'exécution. L'Empereur la preffa, fans confidérer qu'il fourniffoit un prétexte aux mal-intentionnés qui, en fecret, cherchoient à le rendre odieux.

A fon avénement, les Gardes *Ifmailof* & *Preobrazinfki* formoient une milice cafanière dans Péterfbourg , licencieufe & mal-tenue : cette infubordination avoit, fans doute, contribué à énerver, chez eux, les principes de fidélité ; &, dans les révolutions précédentes, ils s'étoient, plus d'une fois, vendus au plus offrant: *Pierre III* sentit qu'une rigoureuse discipline garantiroit leur obéiffance, & préviendroit les défordres de cette troupe mal-organifée : il la foumit donc à la régle Pruffienne, lui donna, pour modéles fes gardes de Holftein, & la ramena à l'ordre par la févérité. Inconteftablement ce régime, une fois affermi, eût permis de compter fur ces Gardes prétoriennes; on ne peut corrompre facilement, ni exciter à la fédition, une troupe accoutumée à l'obfervation journalière de chaque détail de fon devoir. Cette réforme néanmoins ne pouvant s'exécuter avec les Officiers Ruffes, Pierre III fut obligé de la confier à des Allemands : ces Etrangers utiles furent regardés comme des ufurpateurs : on affecta de relever la diftinction dont ils étoient l'objet; &, par des infinuations perfides, on préparoit à la révolte les

Nationaux , humiliés de recevoir des maîtres, qu'un orgueil ignorant leur faifoit regarder comme des écoliers.

Si l'on confidère qu'un intervale de fix mois fut rempli par tant d'inftitutions louables, & par le détrônement de leur auteur, on eft faifi d'effroi & pitié.

Les principales de ces nouveautés méritoient à l'Empereur, la reconnoiffance publique; d'autres le reproche de précipitation ; Souverain Defpote , ce Prince n'avoit exercé que des actes de juftice & de bonté. Ses projets contre le Dannemarck étoient plus naturels & moins ruineux que la guerre au Roi de Pruffe, fruit d'une haine perfonnelle d'Elifabeth & de fonMiniftre. La vie privée de *Pierre III* offroit des taches; on pouvoit craindre qu'à la longue , fes excès de table ne le rendiffent méprifable. Mais quel eft donc le Souverain, le Particulier

dont les foiblesses restent sans excuse ?
L'équité ne tient-elle pas la balance
des qualités & des défauts? Si l'on
y eut pesé les torts de l'Empereur
& ses actions méritoires, quelTribunal
eût osé prononcer son détrônement
& sa mort ? Apperçoit-on la moindre
parité entre les mécontentemens auxquels il donnoit lieu , & le sort affreux
qui l'en punit ? Bon ami, bon père,
époux indulgent; mais, trop facile,
trop confiant, trop ouvert avec des
traitres auxquels il prodiguoit ses
bontés ; au terme de six mois, il
reçut un traitement que dix ans de
crimes & de tyrannie justifieroient à-
peine.

Rien ne détruit plus évidemment
les imputations dont on a chargé la
mémoire de ce Prince, que son in-
altérable sécurité. On tramoit contre
lui, dans le silence, une conspiration
dont il rejettoit même le soupçon :
les Citoyens fidéles trembloient pour

sa sûreté ; des assemblées clandestines réunissoient les partisans choisis de l'Impératrice; on y délibéroit sur les moyens d'attenter à la Couronne ; quelques esprits clairvoyans, entr'autres le Prince *Georges de Holstein*, oncle de l'Empereur, apperçurent le danger. Chaque jour, des émissaires affidés aggravoient en public la conduite de *Pierre III*, empoisonnoient ses discours, & préparoient les voies d'une révolution. L'Empereur seul restoit sans crainte : importuné des révélations, il les repoussoit comme autant de calomnies. Au nombre de ceux qui tentèrent de l'arracher à son aveuglement, se trouva le Roi de Prusse. Ce Monarque, pénétrant & très-bien instruit, nous a conservé le sommaire de la lettre qu'il jugea nécessaire d'écrire à l'Empereur, & la réponse de ce Prince. L'une & l'autre jettent un grand jour sur les véritables causes de la Révolution.

« L'amitié de *Frédéric II*, la re-
» connoiſſance auſſi bien que l'eſtime
» du Roi pour les excellentes qua-
» lités de Pierre III, le portèrent à
» lui écrire & à entamer cette ma-
» tière ſcabreuſe..... Il inſiſtoit ſur-
» tout pour que l'Empereur, avant
» que de ſortir de ſes Etats, ſe fît
» couronner à Moſcou, afin de rendre
» par ſon ſacre, ſa perſonne d'autant
» plus inviolable aux yeux de la
» Nation : il faiſoit enſuite mention
» des révolutions arrivées en Ruſſie,
» durant l'abſence de Pierre I ; mais
» il gliſſoit légèrement ſur cette ma-
» tière, & finiſſoit en conjurant af-
» fectueuſement l'Empereur, de ne
» point négliger des précautions eſ-
» ſentielles pour la ſûreté de ſa per-
» ſonne »......

Cette lettre fit peu d'impreſſion
ſur l'Empereur ; il y répondit en
propres termes........ *A l'égard de*

l'intérêt que vous prenez à ma conserva-
tion, je vous prie de ne point vous en
inquiéter : les soldats m'appellent leur
père ; ils difent qu'ils aiment mieux être
gouvernés par un homme que par une
femme ; je me proméne feul , à pied ,
dans les rues de Pétersbourg ; fi quel-
qu'un me vouloit du mal , il y a long-
temps qu'il auroit exécuté fon deffein ;
mais je fais du bien à tout le monde ,
& je me confie uniquement à la
garde de Dieu ; avec cela, je n'ai rien à
craindre.

Nonobftant cette réponfe , le Roi
de Pruffe continua d'éclairer *Pierre*
III , fur le danger qui le menaçoit.
« MM. *de Goltz & de Schwérin* eurent
» ordre de mettre cette matière fur
» le tapis, dans des converfations fa-
» milières qu'ils avoient avec ce
» Monarque ; mais c'étoit en pure
» perte qu'on lui difoit que , dans
» un pays où régnoient des mœurs
» telles qu'en Ruffie, un Souverain ne

» pouvoit prendre affez de précau-
» tions. *Ecoutez*, répondit-il enfin ,
» *fi vous êtes mes amis , ne tou-*
» *chez plus cette matière qui m'eſt*
» *odieuſe.* » (ɪ)

Voilà le langage de la candeur &
de la confiance : il démontre com-
bien l'Empereur étoit éloigné des
projets finiſtres qu'on lui attribua ,
pour colorer la confpiration qui le
fit périr au fond d'une prifon. Certes ,
il faudroit prodigieufement méconnoître le cœur humain , fur-tout celui
d'un Prince ardent , qui ne diſſimula
jamais un feul de fes fentimens , pour
ne pas découvrir , dans la tranquillité
de fa confcience , le fecret de fa

_____

(1) *Hiſtoire de la guerre de fept ans.* Tome 2 ,
pages 293 & 294. L'Anglois *Coxe* , dans fon
Voyage en Ruſſie , Pologne , &c. , a rapporté très-
infidélement cette lettre du Roi de Pruſſe , dont
il n'avoit aucune connoiſſance directe. Emerveillé
d'avoir caufé avec l'Impératrice , il a déguifé ou
altéré la plupart des particularités eſſentielles de
la Révolution.

sécurité. Certes , si *Pierre III* avoit médité d'enfermer sa femme , très-puissante , & son fils , héritier naturel de l'Empire , il eût ouvert les yeux sur chaque démarche des partisans de l'Impératrice , & sur les rapports qui lui parvenoient ; il eût partagé l'attentive défiance de ses serviteurs affidés ; les instances du Roi de Prusse , son ami, aux conseils duquel il déféroit avec promptitude , auroient amené des explications, & non cette réponse naïve : *Je fais du bien à tout le monde ; avec cela , je n'ai rien à craindre.*

Il est remarquable que, dans les conférences secrétes des créatures de l'Impératrice, le premier dessein fut de revenir au complot du Chancelier *Bestuchef*,que nous avons exposé antérieurement. Ce projet consistoit à déclarer le Grand Duc , Empereur , sous la Régence de sa mère. On voit donc que cette idée n'étoit pas nouvelle pour

le

le parti de la Czarine : en faire la base d'une feconde trame contre l'Empereur, c'étoit indiquer affez clairement qu'on y avoit trempé lorsque *Befluchef* la propofa à Elisabeth ; et ce n'eft pas une induction trop hasardée de préfumer que, depuis plufieurs années, la même cabale conspiroit contre Pierre III. On n'avoit pu l'empêcher de succéder au trône ; pour l'en faire descendre, on recourut au même plan.

Mais ce fyftême présentoit des inconvéniens. On avoit à craindre les orages d'une Minorité; l'autorité mal affermie d'une Régente usurpatrice eût chancelé aux premiers mécontentemens : d'ailleurs, une fois le grand-Duc majeur, l'Impératrice ceffoit de gouverner ; et qui pouvoit répondre que fon fils, inftruit par fon exemple, ne la traiteroit pas comme elle avoit traité fon époux ? Il fut donc arrêté de détrôner le fils & le père, & de confommer l'œuvre de l'ambition, en plaçant cette mobile

C

couronne fur la tête même de l'Impératrice.

Jamais il n'y eut de projet plus injuste & plus hardi ; mais la fortune couronna cette audace. Inceffamment Pierre devoit partir pour le Holftein ; auffi les conjurés avoient d'abord choifi le moment de fon abfence, pour s'emparer de la capitale. Les Ruffes auroient eu à-la-fois un Empereur en Allemagne & une Souveraine à Pétersbourg. Sans doute une pareille révolution eût plongé l'Empire dans des convulfions incalculables. Le Czar vivant, Catherine ne pouvoit fe promettre un jour de tranquillité ; mais quelques incidens légers, en accélérant l'inftant de l'exécution, agrandirent la cataftrophe, & en affermirent le fuccès.

Jufqu'au dernier jour, difons mieux, jufqu'à la dernière heure, Pierre conferva fa magnanime & fatale confiance. Ses gardes Ruffes étoient déja corrompus par *Orlof* & *Rafoumofski* ; Cathe-

rine maîtreſſe de la capitale , & les
officiers ébranlés par des harangues ca-
lomnieuses contre le Souverain. Déja
on avoit vu les conjurés profaner la
ſainteté du ſerment , en appelant la nobleſſe & le peuple à jurer dans une égli-
ſe , en préſence de Dieu , de commet-
tre un crime de lèſe-Majeſté : l'Arche-
vêque de Novogorod , ce brouillon fanatique, que la clémence de Pierre avoit
épargné , venoit de ſolenniſer cette cé-
rémonie , ſous la préſidence même de
l'Impératrice ; enfin les partiſans de ſon
époux étoient arrêtés , & le peuple con-
vaincu, ſur d'artificieuses rumeurs, que
ce Prince venoit de mourir d'une chute
de cheval , avant que Pierre ſoupçon-
nât l'attentat exécuté à Pétersbourg.

Il ſe trouvoit alors au Château d'O-
ranienbaum. Malgré la baſſeſſe & l'infi-
délité ſervile d'un grand nombre de Nobles, d'Officiers civils & militaires, dont
on avoit acheté la défection , il reſtoit
à l'Empereur des ſerviteurs inébranla-

bles , le Chancelier de *Voronʒof* , le vertueux Maréchal *Munich* & les fidelles troupes de Holſtein. Rien encore n'étoit déſeſpéré. L'intrépide *Munich* conſeilla à Pierre de marcher ſans délai à Pétersbourg , à la tête deſes Allemands : *Je vous précéderai* , lui dit ce généreux vieillard , *& l'on ne parviendra à votre Majeſté qu'en paſſant ſur mon cadavre.* Probablement cette réſolution eût renverſé l'ouvrage des conjurés : le même eſprit de crainte & de ſervitude qui avoit proſterné devant eux les Grands , le peuple & les ſoldats , les eût ramenés tous au Souverain légitime , venant défendre ſa couronne avec ſon épée , & *Munich.*

Chacun ſait que l'irréſolution prit en ce moment la place de la fermeté , non que Pierre manquât de courage ; mais ſon eſprit flottoit entre les avis contraires des gens qui l'entouroient. Dans leur nombre ſe trouvoient divers émiſſaires de l'Impératrice , baignant de larmes feintes les mains de l'Empereur , affectant de lui repréfenter fa pofition comme défefpérée , l'invitant à s'en remettre à l'Impératrice , & le détournant de toute réfiftance. Ainfi la perfidie achevoit ce que la perfidie avoit commencé ; ainfi Pierre , environné de traîtres qu'il ne pouvoit difcerner , fut enlacé dans leurs piéges , & livré à l'incertitude , à l'inftant où chaque minute preffoit une décifion.

L'Europe n'oubliera pas plus que la poftérité , le déplorable traitement qu'éprouva , à la fleur de l'âge , à l'aurore de fon règne, ce Monarque dépouillé , traîné en captivité , mourant entre les mains féroces des propres confidens de fon époufe. L'univers compâtit à fes infortunes, qui ne trouvèrent d'infenfibles que ceux-là mêmes, desquels Pierre avoit droit d'attendre tous les fecours & toutes les confolations.

Au contraire , tous les outrages lui furent prodigués. En fe livrant volon-

tairement à celle qui avoit été honorée
de fa couche pendant quatorze ans, il
fembloit être fous la fauve - garde de
tout ce qu'il y a de plus facré parmi les
hommes. Sa perfonne, remife à la dif-
crétion de l'Impératrice, devenoit un
dépôt fur lequel il n'étoit plus permis
d'attenter : il n'appartenoit à fes ennemis, ni par le droit de la guerre, ni
par celui des lois ; & dès l'inftant où
Pierre fe fut rendu fans y être contraint,
toute demeure de *Catherine* devoit lui
fervir d'afyle inviolable. Ah ! cette il-
lufion dont il s'étoit bercé fut de courte
durée !

Vivant, on l'avoit diffamé dans un
manifefte du 28 Juin (1). A peine
arrivé à Péterhof, & devenu captif, il
eut l'affront d'effuyer la vifite fecrète du
Comte Panin, de ce frivole & verfatile
Comte Panin, illuftré des louanges de

_____

(1) Voyez le manifefte publié à Pétersbourg, fous le
nom de *Catherine II*, le 28 Juin 1762.

quelques gazettes à fa folde; de ce Panin qui ofa dicter à fon maître, à fon bienfaiteur, à un fouverain prifonnier, un acte d'abdication & de déshonneur; un acte exprimé dans les termes les plus humilians; de ce Panin enfin, qui força le defcendant de Pierre I de jurer DEVANT DIEU fa renonciation à la couronne, & de figner de fa main captive ce monument d'audace & d'infamie.

Nonobftant cette abdication, qui formoit un nouveau titre à la confervation de fa vie & de fa liberté, l'Empereur, le foir même, fut enfermé au Château de Robfcha. Pendant que fon époux entroit dans ce tombeau, l'Impératrice étourdiffoit Pétersbourg du bruit d'une pompe triomphale.

Mais ce preftige ne fuffifoit pas à étouffer la confcience gémiffante de la multitude; le remords, chez un grand nombre, fuccédoit rapidement à la lâcheté, & la pitié à l'aveuglement. Le peuple , toujours bon , lorfqu'il eſt laiſſé à ſon impulſion naturelle , apprit avec effroi que ſon Souverain venoit de paſſer du trône dans les horreurs d'une priſon éternelle. Les ſoldats manifeſtoient leur émotion : chacun s'attendriſſoit au ſouvenir des vertus de Pierre, & l'on oublioit ſes torts. La défaveur publique s'accroiſſant d'heure en heure, menaçoit l'Impératrice d'un revers effrayant................... Tirons le voile ſur la ſcène lugubre qui mit fin aux inquiétudes. Ne rediſons pas qu'au ſeptième jour de ſa captivité, Pierre III n'exiſta plus ; ne rediſons pas qu'il diſputa ſes jours infortunés aux féroces Courtiſans qui pénétrèrent dans cette enceinte ; qu'on entendit les cris de ſon agonie convulſive ; que, deux jours après, des Etrangers mêmes virent les murs encore tachés du ſang d'un Empereur ; que l'un des complices de cette tragédie eſt mort, pourſuivi, depuis quelques années , de l'image de ſon

Maître expirant , voyant fon ombre errante autour de lui, & donnant à Pétersbourg entier, le fpectacle de fon aliénation & de fes remords.

A la première nouvelle de cette cataftrophe, l'Europe , habituée aux révolutions fanglantes qui , depuis quarante ans, donnoient des Maîtres à la Ruffie , témoigna moins de furprife que de compaffion. L'opinion publique penchoit en faveur de la victime. Pour en colorer le facrifice , on fit circuler des fictions : on imputa à Pierre III des projets finiftres, contre lefquels l'Impératrice avoit dû fe mettre en défenfe; car , fuivant la remarque d'un Ecrivain célèbre , rien n'eft fi aifé que de fuppofer des crimes à ceux qui font déja pourfuivis par la haine d'un parti victorieux.

Ce n'eft point ici le lieu d'anticiper fur les révélations de l'hiftoire; mais il n'eft pas improp̄re d'en devancer la juftice, en faifant remarquer le vice des prétextes dont les perfécuteurs de Pierre III bercèrent la crédulité populaire.

Dans le manifefte du 28 Juin, ce Prince eft accufé *d'avoir ébranlé les fondemens de la religion grecque orthodoxe, & donné lieu de craindre qu'une religion étrangère ne fût introduite à fa place.* Le fanatifme le plus exalté auroit pu feul dicter cette inculpation. Pierre avoit été tolérant; il autorifa une chapelle luthérienne à Oranienbaum, à l'ufage de fes troupes allemandes: on ne prétend pas affurément qu'il auroit dû forcer fes foldats de Holftein à fuivre, comme lui, les rites & le fervice de l'églife grecque. Sa tolérance étoit le fruit de l'exemple de tous les Princes fages de fon temps, & des progrès de la raifon. Lorfque Jofeph II a donné la liberté du culte aux communions proteftantes de fes Etats, aucun de fes proches ne s'eft avifé de lui difputer l'Empire, fous prétexte qu'il ébranloit la foi dominante. Cette foi n'a aucun rapport avec la fécularifation des monaſtères, ni avec la diminution du nombre d'images, auxquelles le bas peuple adreffe fon culte & fes interceſſions. Ce font là des réformes de difcipline religieufe, non des atteintes aux dogmes de la religion. Et quand celle-ci auroit eu à fe plaindre de *Pierre*, eſt-ce le nom de cette doctrine divine qu'il falloit invoquer contre le Souverain ? Eſt-ce pour l'intérêt du Dieu de paix & de juſtice qu'on peut détrôner, empriſonner, mettre à mort le Chef légitime de l'Etat? Eſt-ce enfin la tolérante Catherine qui fe rendoit l'interprète & le vengeur des reſſentimens de quelques zélateurs, & qui facrifioit au fanatifme populaire les devoirs du fang & du trône ?

Le fecond grief allégué dans le manifeſte, n'eſt pas moins dérifoire. On y prétend que *la gloire de la Ruſſie a été comme foulée aux pieds par la paix der-*

nièrement conclue avec son plus grand en-nemi. Ni le Gouvernement, ni la Nation Ruſſe n'avoient la moindre raiſon de regarder le Roi de Pruſſe comme *leur plus grand ennemi* : les deux Puiſ-ſances ne ſe diſputoient rien ; la rancune perſonnelle d'Eliſabeth , & les artifices d'un Miniſtre pervers , juſtement châtié , avoient occaſionné la guerre ; la gloire étoit de la terminer , plutôt que de s'obſtiner à répandre le ſang & les tréſors de l'Etat , pour des intérêts qui lui étoient abſolument étrangers. Quand ces vérités n'auroient pas été palpables d'elles-mêmes , Catherine les eût miſes en évidence , par ſa conduite ſubſéquente avec ce même Prince , qu'on titroit *de plus grand ennemi de la Ruſſie.*

On voit donc que ces reproches ne ſont que des défaites de gens fâchés de reſter ſans excuſes légitimes : aucun Souverain ne ſeroit aſſuré vingt-quatre heures de ſa couronne , ſi elle dépen-

doit d'accufations de cette efpèce. Il
eft vrai qu'à ces frivoles délations, des
rumeurs fufcitées en ajoutèrent de plus
férieufes, fpécialement celle d'un deffein formé par l'Empereur contre la
liberté de Catherine & de fon fils;
mais d'abord, fi ce deffein & d'autres
femblables avoient exifté, pourquoi ne
les expofa-t-on pas dans ce manifefte
accufateur ? Pourquoi ne pas juftifier
des mefures fi violentes par des plaintes
fi légitimes ? Pourquoi recourir *au danger de l'orthodoxie*, & à la paix avec
la Pruffe, lorfqu'on pouvoit gagner les
cœurs, en dévoilant une confpiration
contre la compagne & l'héritier du
trône? Si, à l'inftant de décider les
efprits, on garda le filence fur ces chi-
mériques attentats, n'eft-il pas vraifem-
blable qu'ils furent imaginés après coup,
afin de calmer le cri public ?

Plufieurs faits notoires détruifent
d'ailleurs ces affirmations, dont on n'a
jamais produit aucune preuve receva-

ble. Il eſt connu qu'à la veille de partir pour le Holſtein, Pierre avoit nommé
l'Impératrice Régente en ſon abſence.
Qui pourra croire qu'il livroit ainſi le
Gouvernement de ſa Capitale & de
ſon Empire à une Princeſſe dont il
méditoit la détention? Il ſeroit oiſeux
de s'étendre ſur des idées tellement in-
conciliables.

Mais, a-t-on dit, Pierre faiſoit cons-
truire dans la Fortereſſe de Schluſſelbourg un appartement qui paroiſſoit
deſtiné à une perſonne illuſtre, & cette
perſonne ne pouvoit être que l'Impératrice. Le fait de la conſtruction eſt
certain; l'induction qu'on en tire eſt
erronée. Il exiſte une anecdote qui ex-
plique cet incident myſtérieux. Le ſa-
vant & exact *Buſching*, à ſon retour de
Ruſſie, en a publié le ſecret; il le tenoit du Général *Korff*, qui avoit ſuivi
Pierre III à Schluſſelbourg (1). Des

_____

(1) *Magazine hiſtoriche*, tom. VI. Vie d'Iwan III.

informations particulières nous ont confirmé la vérité de ce récit, en y ajoutant quelques circonstances, & tel que nous allons le transcrire.

Au mois de Mars 1762, Pierre III, accompagné du Général *Korff* & de M. *Goudowitz*, se rendit *incognito* à *Schluffelbourg*, où *Elisabeth*, en 1756, avoit fait transférer l'infortuné Prince Iwan, appelé au trône par sa tante l'Impératrice Anne, Duchesse de Courlande; Empereur au berceau, en 1740, déposé par *Elisabeth* en 1741, enfermé, & enfin poignardé en 1764. Pierre fut attendri à la vue du traitement qu'éprouvoit le prisonnier : une chambre voûtée de vingt pieds carrés, formoit son habitation ; un méchant lit, quelques chaises & une table étoient tous ses meubles. A peine la lumière perçoit dans ce lugubre séjour. Insensiblement, on avoit retranché au Prince la plupart des douceurs dont il jouissoit, avant les premières années de sa capti-

vité. Dans fa converfation avec l'Empereur, il s'emporta contre le Grand-Duc
& la Grande-Duchefle, en les nom-
mant ufurpateurs de fa couronne. » Je
» la reprendrai, ajouta-t-il, & je les
» ferai décapiter tous deux. « Pierre,
moins ému de ce difcours que de l'état
déplorable du Prince, dont la raifon
n'étoit pas libre, & qui portoit tous
les caractères de l'imbécilité, l'affura
que le Grand-Duc ne lui vouloit aucun mal, & qu'il feroit touché de fa
fituation, s'il en avoit connoiffance.
» Je l'approche fouvent, ajouta-t-il, &
» fi vous defirez quelques adouciffe-
» mens, je me charge de les obtenir. «
Le Prince, pouffant un foupir, répondit: » Qu'un jour, on lui avoit permis
» de defcendre dans la cour intérieure
» de la Forterefle, qu'il avoit vu le
» ciel & refpiré l'air; c'eft la plus ra-
» viffante jouiffance, continua-t-il, que
» j'aie reffentie; & fi le Grand-Duc
» n'eft pas mon ennemi, dites-lui, je
» vous

» vous prie de me l'accorder fou-
» vent. » Pierre ne put retenir fes larmes, &, dès ce moment, forma le
projet de remettre Iwan en liberté :
c'étoit auffi l'avis du Prince *Georges de
Holftein*, oncle de l'Empereur; mais
l'aliénation du prifonnier ayant été
conftatée, Pierre réfolut de lui faire
bâtir une maifon commode dans la
Forterefle, avec une terrafle, fur laquelle il pût fe promener chaque jour.
Pendant qu'on conftruifoit cet édifice,
on transféra *Iwan* à Kexholm, à l'autre extrémité du lac Ladoga. Trois femaines après, l'Empereur fut détrôné,
& s'il le fut par la crainte réelle qu'infpira à fes ennemis le nouveau bâti-
ment de Schluffelbourg, il périt victime de fa généreufe humanité.

Iwan ne lui furvécut que deux ans :
une nouvelle tragédie myftérieufe mit
fin, le 5 juillet 1764, aux alarmes que
pouvoit infpirer ce Prince dans les fers.
Perfonne n'ignore comment il fut affaf-

finé par fes propres gardes , & qu'après ce forfait , néanmoins , Pétersbourg ne vit couler fur l'échaffaud , que le fang du Lieutenant *Mirovitch* , accufé d'avoir voulu défendre les jours d'un petit neveu de Pierre-le-Grand.

Catherine II. Tels furent les aufpices fous lefquels commença le gouvernement de la nouvelle Impératrice. Les circonftances de fon élévation déterminèrent fon élan vers la gloire. Elle fentit qu'il falloit occuper les Ruffes d'eux-mêmes , fixer leur attention fur des entreprifes & des conquêtes , & dominer hors de chez foi , pour affermir fa propre domination.

Nous avons rappelé que le détrônement de Pierre, & le Manifefte de l'Impératrice furent uniquement fondés fur les plans de l'Empereur , & fur fes liaifons avec la Pruffe. Eh bien , ces plans condamnés , & vraiment patriotiques , ont tous été exécutés par Catherine II ; ils ont même valu à cette Princeffe la plus folide partie de fa gloire. D'un autre côté, fur la cendre encore chaude de l'Empereur, on jeta la bafe d'une liaifon intime avec le Roi de Pruffe , déclaré auparavant *l'ennemi naturel de la Ruffie.*

Incertaine du parti que prendroit Frédéric-le-Grand , craignant même qu'il ne fe fervît contre elle du corps d'armée qui , fous les ordres de M. de *Czernichef*, s'étoit réuni aux Pruffiens , elle fe hâta de rappeler fes troupes ; mais elles reftèrent inactives, & dès que l'Impératrice eut affermi fon gouvernement, elle embraffa la politique de *Pierre III* , fe rapprocha de la Pruffe , & bientôt s'y attacha par une alliance défenfive.

Pierre l'avoit fait par fentiment , & par un inftinct droit. Catherine II le fit pour préparer des entreprifes conformes à fon génie, à fa pofition , à l'ambition des favoris qui l'entouroient. Dans le deffein de dicter la loi à fes voifins , il importoit de ménager la Puiffance qui pouvoit les fecourir. Le Danemarck

alloit être gagné , la Suède étoit gouvernée par une faction vendue à la Ruffie ,
la Pologne subjuguée dans l'acte le plus
folennel de la fouveraineté, dans l'élection d'un Roi ; enfin la Courlande n'exiftoit déja plus que-pour les fantaifies du
Confeil de Pétersbourg.

Defpotifme
Ruffe en
Courlande.

Ce Duché de Courlande & de Semi-
galle , fertile en grains , riche en mu-
nitions navales , peuplé de quinze cent
mille habitans , gouverné par une no-
bleffe belliqueufe , poffédant deux ports
avantageux fur la Baltique , forme , par
fa fituation , une barrière intéreffante
entre les nouveaux domaines de l'Empire Ruffe , la Pruffe & la Pologne. Depuis que les Suédois ont perdu la Livonie , en temps de guerre , la Courlande
devient néceffaire à leurs approvifion-
nemens. Ces rapports , on le fent , ren-
dent le voifinage de Pétersbourg bien
dangereux à la Courlande , en la ren-
dant, au befoin , puiffamment utile à la
Ruffie. Auffi , depuis cinquante ans ,

l'a - t - on traitée comme une province Moscovite ; mais les avanies ont été surtout multipliées , & le joug appesanti , depuis le règne de Catherine II.

Lorsqu'elle saisit les rênes du gouvernement , le Prince *Charles de Saxe* , second fils *d'Auguste III* , possédoit la Courlande. Il avoit en sa faveur le choix libre des Etats , l'hommage libre de la noblesse , l'investiture solennelle du Roi & de la république de Pologne , dont la Courlande est feudataire. Installé en 1759 , & reconnu par toutes les Puissances , il réunissoit tous les titres de légitimité.

Une pareille possession n'empêcha pas , en 1762 , l'Impératrice de Russie de mettre le scellé sur les biens du domaine de la Courlande , & d'y faire des actes positifs de souveraineté. Il lui falloit un grand Duc de sa création , & à ses ordres. A qui donna-t-elle la préférence ? — A cet *Ernest Jean Biren* , (*Bühren*) déclaré criminel au premier chef par Elisabeth , relégué en Sibérie ,

mort civilement, & jugé tel par un dé-
cret des Etats de Courlande. Quoique
rappelé, il eſt vrai, depuis la mort *d'E-
liſabeth*, ſa dégradation ne permettoit
plus de le rappeler à une Souveraineté
élective qui, même dans l'origine, n'a-
voit jamais été légale ; car *Biren* s'étoit
ſouſtrait à l'hommage perſonnel dû à la
république de Pologne, & ſans lequel
ſon inveſtiture devenoit caduque.

Si, d'ailleurs, les prétentions de *Biren*
étoient ſoutenables, il n'en exiſtoit qu'un
ſeul juge compétent, le ſuzérain : c'étoit
à la Pologne à décider de la réclamation
de ſon vaſſal ; Auguſte III eut la modération d'offrir cet examen à l'Impératrice.

Au lieu de négocier, cette Souveraine
força les volontés des Courlandois, de
leur Duc légitime, de la Pologne, ſei-
gneur ſuprême du fief. D'abord, des
émiſſaires tentèrent de corrompre la fidélité de la nobleſſe, & de la ſoulever contre le Duc *Charles*. Ces premiers reſſorts
ayant échoué, on en vint à des outrages

inouïs. Le Duc étoit à Mittau ; on l'en expulſa. Les plus criantes indignités précédèrent cette violation du droit des gens, du droit des Souverains, de toutes les bienſéances. M. *de Simolin*, Courlandois de naiſſance, & alors Miniſtre des violences de la Ruſſie à Mittau, forma le plan d'affamer le Prince *Charles*, & l'exécuta. Il commença par ordonner de ſaiſir de force, & de ſéqueſtrer les revenus domaniaux : enſuite on s'empara des archives ; enfin une garde Ruſſe ferma les magaſins de bois, de paille & d'avoine, les rivières, la braſſerie, les caves, les greniers, les fontaines, & jusqu'à la baſſe-cour de ſon Alteſſe Royale. Cette exécution d'un genre neuf fut ſuivie d'attentats non moins étranges : on vit *Biren* introduit dans Mittau, & inſtallé par les ſoldats de M. *de Simolin*. Cet agent de la Czarine traita les Magiſtrats de Mittau, les Etats, les Députés du Roi de Pologne, comme ſes valets. Cependant le Prince *Charles*

ayant perfifté à refter en Courlande , le
Comte de *Brown* , gouverneur de la
Livonie , lui fignifia qu'il eût *à vider le
pays ; car telle étoit la volonté de l'Impératrice :* cet ordre impérieux eut fon effet
malgré la réfiftance ultérieure du Duc
légitime ; & voilà comment fut traité ,
dans fes propres Etats, en préfence d'une
nation indépendante , un Prince , fils
& vaffal du Roi de Pologne , allié de
la Ruffie (1).

Cette première ufurpation fur la liberté de la Courlande & fur les droits
de la Pologne , a été fuivie de l'affer-
viffement complet du Duché. Dix mille
Ruffes , en forçant les Polonois à recevoir un Roi choifi à Pétersbourg , les
forcèrent en même temps à affurer l'in-
veftiture de la Courlande au fils *d'Erneft
Jean Biren.* On n'a permis à ce nouveau
Duc , *Pierre* , de conferver fa dignité ,

_____

(1) Voyez le Mémoire fur les affaires de Courlande ,
figné d'Augufte III , le 10 Février 1763.

qu'en fléchiffant fous les ordres , & en fe prêtant aux extorfions des favoris de l'Impératrice : les premiers emplois de la Courlande ont été livrés à leurs protégés , & toutes les réclamations étouffées ; on a écarté ceux qu'on ne pouvoit féduire ; on a féduit ceux dont une apparence de vertu faifoit craindre l'oppofition. Parmi ces derniers , fe trouvoit le Chambellan de *Howen* , confidéré par fa capacité & par fon courage. Ayant défendu, à Varfovie, les droits de fa Patrie contre le defpotifme des Ruffes , il fut enlevé & envoyé en Sibérie. Devant alors opter entre le facrifice de fon patriotisme & celui de fa liberté , on l'a vu prendre la chaîne commune, gouverner la Courlande au nom de l'Impératrice , & parvenir à la dignité de grand Bourgrave. Son prédéceffeur en autorité , le Maréchal *Klopman* s'étoit piqué de la même condescendance. Sous l'influence de ces inftrumens de l'Impératrice , l'autorité du Duc a été anéantie de fait ; les fuffrages des Etats ont été publiquement achetés ; les vexations de tout genre, les aliénations, les brigandages politiques, légalifés. A la voix du Miniftre Ruffe à Mittau, la Courlande refferre fes limites, laiffe enlever fes propres fujets, réclamés comme fujets Ruffes, fubordonne fa politique extérieure aux décrets du Confeil de l'Impératrice. Plus d'une fois, le Duc, réduit au titre de fa principauté, s'eft vu forcé d'en acheter la confervation. Toute plainte de fa part étoit fuivie d'une menace, & la menace d'une extorfion. Lorfque, fatigué d'une tutelle auffi difpendieufe, il a cherché des protecteurs moins exigens, l'Impératrice l'a traité en rebelle. La prudence lui a fuggéré une efpèce d'évafion. Nous l'avons vu fe réfugier à Berlin, y mettre une partie de fes tréfors en fureté, & méditer un projet d'abdication.

Au premier indice de cette intention, qu'on croyoit regarder l'un des Princes de *Virtemberg*, attachés au fervice de Pruffe, l'Impératrice fulmina un monitoire aux Etats de Courlande, en les menaçant de fon indignation, s'ils concouroient à ce deffein. Ainfi, après avoir dépouillé le Duc régnant de fon autorité, elle l'obligeoit à en garder le fimulacre; elle défendoit à la Courlande d'ufer de fon droit fouverain de choifir un fucceffeur au chef de l'Etat; elle faifoit, en un mot, ce que le Suzerain feul auroit pu fe permettre : ainfi la Ruffie déclaroit à l'Europe entière qu'elle fe libéroit du refpect que les Souverains doivent à leur indépendance mutuelle ; que fes convenances effaçoient tous les droits qui font la bafe de la fociété, & qu'elle s'arrogeoit la dictature des Etats que le deftin avoit placés dans fon voifinage.

La Courlande infenfible, ou plutôt affoupie par la crainte & la corruption, a fouffert ce dernier outrage ; mais le Duc eft retourné à Mittau : les conjonctures actuelles favoriferoient les ames

nobles qu'indigne la honteuſe dépendance de leur patrie : il n'eſt pas douteux qu'aujourd'hui la cour de Berlin
n'apperçoive le danger de cette influence Moſcovite ſur la Courlande, & pro-
pagée juſqu'aux frontières de la Pruſſe ;
il n'eſt pas douteux que la Pologne,
ſortie enfin de ſa déplorable oppreſſion,
n'ait intérêt à affranchir la Courlande,
& à reprendre ſur elle l'exercice de droits
légitimes qu'elle n'a ni perdus ni aliénés.

Uſurpation de la Polo-gne. A peine l'Impératrice eut-elle détrôné un Souverain en Courlande, qu'elle
entreprit d'en couronner un autre en
Pologne. Il eſt à croire qu'à la mort
d'Auguſte III, le cabinet de Pétersbourg,
malgré l'activité & la prévoyance de ſon
ambition, n'embraſſa pas d'un ſeul coup-
d'œil la multitude d'attentats qui, ſuc-
ceſſivement, ont été développés contre
la République. On vouloit ſeulement la
réduire à l'inertie de la Suède, y exercer une influence déciſive, y former des
factions, les oppoſer mutuellement, &

faciliter cette ligue du Nord, ouvrage du Comte *Panin*, qui auroit affuré à la Ruffie la fuprématie de toutes les contrées qui l'entourent.

L'exécution de ce projet exigeoit la concurrence du Roi de Pruffe. Il importoit à ce Monarque de détacher les Ruffes des intérêts de la cour de Vienne ; il étoit ennemi de la maifon de Saxe & de fes prétentions à la couronne de Pologne : depuis la paix, il avoit habilement ménagé l'Impératrice ; & fûr du Comte *Panin*, il négocioit un traité à Pétersbourg. Pour contrebalancer la réfiftance des Saxons, des Autrichiens & des François, Catherine, décidée à envahir le gouvernement de Pologne, lia le Roi de Pruffe à fes deffeins. Au mois de janvier 1764, une alliance défenfive fut fignée entre les deux Puiffances. Frédéric II nous apprend lui-même qu'elles s'engagèrent à ne pas fouffrir que la royauté devînt héréditaire en Pologne, à y nommer un Piaft, & fpécialement

Staniſlas Poniatowski, Stolnik de Lithuanie; enfin à protéger les Diffidens, c'eſt-à-dire, à les armer contre
la République.

Ce plan appartenoit à la cour de Pétersbourg; elle feule devoit en profiter:
le Roi de Pruſſe n'y avoit qu'un intérèt
indireɕt, celui de favoriſer les vues d'u-
ne Puiſſance dont il recherchoit l'amitié.

L'hiſtoire ne peindra jamais avec trop
d'énergie, l'exécution & les horribles
fuites de cette entrepriſe: elles feront la
honte de notre ſiècle; & il feroit au-
deſſus des forces de la politique la moins
fcrupuleuſe, de préméditer jamais un
ſyſtême d'injuſtices & de violences, tel
que celui dont la Pologne a offert le tableau dix années conſécutives. Qu'on
écarte les inculpations outrées & les
exagérations de la douleur; il reſtera
une chaîne d'évènemens prouvés par la
notoriété publique, par les aɕtes offi-
ciels & authentiques, enfin par les té-

-moignages de certitude les moins fuf-
pects.

Exclure de la couronne tout Candi-
dat étranger, dans un pays où elle eft
élective, c'étoit déja une atteinte criante
à l'indépendance d'une nation libre. A
elle feule appartenoit le droit d'une pareille décifion : les Ruffes ne la pronon-
cèrent pas moins, & de leur feule autorité.

Un Prince étranger, capable par
fa puiffance perfonnelle de défendre
celle de la République, ne pouvoit con-
venir à ceux qui méditoient de l'affervir.

Il falloit à l'Impératrice un Roi de
Pologne, qui lui dût fon élévation, non
aux fuffrages libres de fes compatrio-
tes. Un *Radziviil*, un *Potocki*, tout
Magnat, puiffant par fon crédit & par
fa fortune, n'auroit jamais confenti à
facrifier fa patrie & fa grandeur perfonnelle à un fantôme de royauté, ni à
devenir l'efclave d'une puiffance étrangère.

Il falloit à l'Impératrice un Roi de

Pologne, en quelque forte ifolé, d'un caractère doux & flexible, fans relation avec une autre cour de l'Europe ; par fon élévation peu naturelle, en butte à la jaloufie de la nation ; par l'irrégularité de fon élection, forcé à craindre de nombreux ennemis, & à refter dans la dépendance des protecteurs qui le plaçoient fur le trône.

Toutes ces conditions fe rencontroient dans *Staniflas III*, Seigneur inftruit, né avec les vertus, avec les qualités intéreffantes qui font aimer un particulier ; mais il étoit peu riche : fa jeuneffe, fes liaifons avec la cour de Pétersbourg, la faveur diftinguée dont l'Impératrice l'avoit honoré antérieurement, l'écartoient d'une dignité fujette à tant d'ombrages. On n'ignoroit pas que jamais les fuffrages ne fe porteroient vers lui, & il étoit trifte de ne devoir fon fuccès qu'à l'empire d'une violence contre les Electeurs. Sans doute, ce Prince fe flatta de ramener les efprits avec le temps ; mais les Ruffes, plus

plus politiques , firent tout ce qui étoit néceffaire pour les aliéner à jamais.

A l'approche de la diète de convocation , dix mille Moscovites entrent en Pologne , & bientôt à Varfovie , tandis que les troupes Pruffiennes menacent la République fur les frontières. Les Diétines fe rempliffent de foldats qui font élire militairement des Nonces dévoués à la Ruffie. Bientôt la capitale eft entourée de Cofaques : ces brigands étrangers inveftiffent la falle des Etats ; ils forcent la chambre des Nonces ; l'un de ces Repréfentans nationaux eft attaqué , le fabre à la main , dans ce fanctuaire de la Souveraineté , en préfence du Maréchal de la Diète , qui , révolté de cet outrage , quitte l'affemblée , & emporte le bâton de Préfidence. Sa retraite eft fuivie d'un grand nombre de Sénateurs , perfonnages les plus illuftres de l'Etat , du grand Général de la Couronne , de quelques Miniftres & des Nonces patriotes. Tous proteftent contre ces

violations du droit des gens & de la liberté publique : ils fe retirent dans les
Provinces ; les Ruffes les pourfuivent,
faififfent ceux qui ont réfifté , confif-
quent les biens des fugitifs , les dépouil-
lent de leurs charges , & déclarent le
Prince *Radziwill* ennemi de la Patrie.
A ces fentences defpotiques , fuccèdent
des innovations perfides dans la Conftitution. On met les quatre Régimens des
Gardes entre les mains du Roi , & le
premier ufage qu'ils font de leur voca-
tion, eft de s'unir aux troupes Ruffes qui
environnent la Diète d'élection. Enfin
cette tumultueufe affemblée cède à la
terreur : le Roi eft élu , couronné ; fes
adverfaires , ou s'exilent , ou fe foumet-
tent ; & à peine le triomphe de la Ruffie eft-il complet , qu'elle fe prépare à
en abufer.

Sans doute , dans chaque interrègne,
les recommandations , les négociations,
le crédit , quelquefois même des troubles occafionnés par l'efprit de parti,

favorisèrent l'un ou l'autre des Candidats à la Couronne ; mais il étoit nouveau qu'en pleine paix, une force étrangère eût aussi créé un Roi au milieu de ses égaux, de ses nominateurs légitimes, d'une Nation souveraine, & maîtrisée dans son choix. Très-faussement *Voltaire* & d'autres flatteurs de *Catherine II* ont justifié cette usurpation, en la faisant regarder comme un usage constant en Pologne. Toutes les élections auxquelles il n'intervint aucune troupe étrangère, furent aussi paisibles que peut l'être l'assemblée nombreuse d'une Nation indépendante & passionnée : des tumultes passagers ne sont pas des guerres civiles. Ainsi furent élus Henri de Valois, Ladislas IV, Casimir, Wiesnowiecki & Sobieski. Dans les schismes, soit doubles élections, comme celles d'Étienne Battori & de Maximilien l'Empereur, de Sigismond III & de Maximilien l'Archiduc, ce fut toujours une faction Polonoise qui fit la loi ; l'indépendance de la République resta intacte, & il n'entra jamais de troupes pendant l'élection : nul compétiteur au Trône n'osoit forcer sa nomination les armes à la main ; il se contentoit de la soutenir. Il est vrai que depuis, *Charles XII* détrôna & fit un Roi de Pologne à l'aide d'une armée ; Mais Auguste II avoit provoqué le ressentiment de l'Alexandre du Nord ; il étoit l'actif allié du Czar ; il perdit la couronne par le sort de la guerre, châtiment de son imprudence à attirer sur la République, la vengeance d'un Roi dont il s'étoit déclaré l'ennemi.

La Russie a donc fourni le premier exemple de cette invasion armée, sans provocation. Elle ne se contenta point de protéger une élection librement faite; elle força chacun des actes préliminaires de cette solennité, & préludoit ainsi à enchaîner par la terreur même, les Diétes ordinaires, & à disposer à l'avenir de toutes les délibérations. Le but se-

cret de ces scènes préparatoires n'é-
chappa nullement aux Puissances étran-
gères ; les Ambassadeurs de plusieurs
d'entre elles, anciennes alliées de la République, se retirèrent, & cessèrent de
considérer en Nation indépendante, un
Etat subjugué par le protectorat militaire de l'Impératrice.

Il existoit en Pologne des Grecs non
unis , & des Dissidens , Luthériens &
Calvinistes. Successivement, leur diminution, l'empire de la religion dominante, le retour de leurs principales
familles au Catholicisme, les avoient
fait exclure, sous les Rois Saxons, des
charges & dignités d'Etat , auxquelles
ils n'eurent jamais de droit bien légalement reconnu.

L'esprit de la République, de tous les
Etats de l'Europe le moins persécuteur,
même à l'époque des tragédies de l'in-
tolérance , laissoit jouir ces Dissidens
d'infiniment plus de repos qu'on ne leur
en accorde en d'autres pays , où l'on se

pique de philofophie. A l'inftant où la
Ruffie les fouleva, ils jouiffoient de
deux cents églifes & de là liberté du culte
dans leurs maifons ; ils poffédoient des
Starofties, des Régimens, des grades
militaires : en 1765, la plupart des Ca-
pitaines & des Officiers inférieurs ap-
partenoient à ces Non-Conformiftes. De
droit & de fait, leur fituation étoit donc
beaucoup plus douce que celle des religions tolérées en Angleterre, en Hollande, en France, en Ruffie même. Les dignités politiques, il eft vrai, étoient
réfervées à la Religion dominante ; mais
toutes participoient aux autres privilé-
ges de la liberté civile. Quelques vexations particulières, quelques abus pouvoient néceffiter des plaintes ; la République a prouvé qu'elle les eût écoutées.

De ces griefs fur lefquels perfonne
n'élevoit la voix, la Ruffie en forme les
matériaux d'un incendie. Elle appelle
ces Diffidens, elle excite leur mécontentement. Le Starofte & le Général

Grabowski, deux frères Diffidens, font ouvertement gagnés, & chargés de manifefter leurs prétentions : une déclaration de l'impératrice vient à leur appui. On réclame les traités de Velau & d'Oliva, dans lesquels la Ruffie ne fut ni partie contractante ni partie accédante. Elle ne s'en arroge pas moins l'autorité de garante, tandis que la Suède, à qui feule ce rôle appartenoit, garde le filence. Le traité de Moscow eft auffi fallacieufement invoqué, ce traité n'ayant rien ftipulé en faveur des Diffidens. Enfin la Diète de 1766 écoute leurs réclamations, adopte celles que la Juftice, les lois, la tolérance raifonnable légitiment ; elle rejette celles que réprouve l'ordre établi chez toutes les Nations, & en donnant à la liberté de confcience, à celle de culte, aux précautions confervatoires de cette liberté, une extention avouée par la fageffe & par l'intérêt public, elle laiffe exifter la barrière par-tout exiftante entre la Religion dominante & les Religions tolérées ; elle exclut les Sectateurs de celles-ci de l'admiffion aux dignités politiques.

Bien peu d'Etats font encore aujourd'hui gouvernés par d'autres principes. De tous les Souverains , l'Impératrice étoit la moins fondée à en folliciter impérieufement la violation. Dans fes vaftes Etats , on n'a jamais vu un Grec uni, un Calvinifte , un Luthérien , entrer dans les Confeils, exercer le Miniftère, ni monter fur le trône. Si Pierre III eût tenté une pareille innovation , c'eft alors que les Auteurs du manifefte apologétique du détrônement de ce Souverain , euffent crié au danger , au renverfement de l'orthodoxie , comme ils le firent en prétextant les intérêts pécuniaires de quelques Moines. Cette philofophique tolérance, pour la gloire de laquelle on embrafoit la Pologne , n'empêcha pas les Grecs fchifmatiques , conduits par des Ruffes, de faccager l'Ukraine Polonoife, en 1768, d'y égorger cent mille Latins ou Grecs unis, fans qu'aucun des Officiers Ruffes qui commandoient cette horde d'affaffins, ait été recherché par l'Impératrice. Elle n'a pas empêché que, jufqu'à ce jour, on n'ait vu dans les Provinces Polonoifes cédées à la Ruffie, ces mêmes Latins & Grecs unis, privés de leurs Eglifes, pillés, opprimés impunément, fans que l'Impératrice ait jamais daigné remédier à ces excès.

Mais l'inconféquence & l'illégalité méritent à peine une obfervation, au milieu de la foule d'attentats exécutés en Pologne, fous la couleur de l'amour des Diffidens & de l'humanité. Le plan étoit formé de troubler la République, de protéger une faction, d'y entretenir une armée Ruffe permanente. La terrible politique du Cabinet de Pétersbourg s'étendoit dans l'avenir : l'égalité des Diffidens une fois confolidée, il pouvoit furvenir un jour, qu'un Grec

fchifmatique briguât le trône, que la
Ruffie l'y fît affeoir, & fa religion avec
lui, & que la reconnoiffance l'abaifsât
au rang de Vaffal de la Czarine. D'ailleurs, une fois les troupes Ruffes can-
tonnées en Pologne, tout ce qui s'eft
exécuté devenoit praticable, & la dif-
corde hardiment entretenue, les difficultés s'aplaniffoient. On a trop peu
remarqué l'habileté profonde avec laquelle le Miniftère Ruffe intéreffa la
Religion Grecque aux projets médités
contre la Pologne : cette attention affu-
roit l'influence de l'Impératrice dans
les Provinces Méridionales & Orien-
tales de la République, où les Grecs
fchifmatiques font nombreux. De là,
une nouvelle facilité de difpofer les
entreprifes futures contre les Othomans.

Les réfolutions modérées de la Diète
de 1766, furent reçues à Pétersbourg
comme des actes de rebellion. De ce
moment, le Prince *Repnin*, Ambaffa-

deur de l'Impératrice à Varfovie, fe.
conftitua Vice-Roi de Pologne. Il arma
les Diffidens fous le drapeau d'une confédération, & on les vit, foutenus d'un
corps nombreux de troupes Ruffes, invoquer la participation à la Puiffance
publique, à l'inftant où ils trahiffoient
l'Etat.

Cependant le projet de les défendre
à force ouverte, les déclarations un
peu équivoques du Roi de Pruffe, & les
hauteurs du Prince *Repnin*, ne paru-
rent pas fuffifantes à la prompte exécution de ces grands deffeins. Le Roi
de Pologne, fa famille, fon parti, mur-
muroient de l'humiliante tutelle fous
laquelle ils étoient obligés de fléchir :
pour redonner quelque énergie aux
Affemblées Nationnales, ils avoient
fait abolir le *Liberum veto*, & quelques règlemens fages allarmèrent les
protecteurs fur la docilité des protégés.

En conféquence, le Dictateur Mof-

covite, titré modeftement d'Ambaffadeur, fubftitua un moment l'artifice à
la violence. Il oppofa au Roi de Pologne élu par l'Impératrice, ces mêmes
Patriotes opprimés, pillés, exilés, en
vertu de leur réfiftance à l'élection.
Alternativement foutenues, ces deux
factions remifes en guerre, promet-
toient une victoire tranquille & fûre
à leurs inftigateurs. Auffi-tôt les pro-
teftations amicales fuccèdent aux menaces, & la perfuafion à la terreur :
d'adroits émiffaires ferpentent dans les
conciliabules : on couvre le piége de
promeffes & d'efpérances. D'une part,
on foulève les Diffidens ; de l'autre, on
promet aux Catholiques de contenir
ces Sectaires. En 1765, on exigeoit
leur entrée au Sénat, au miniftère,
à la diète ; en 1767, on feint d'abandonner cette demande ; on fe renferme
dans les généralités. Une nouvelle
déclaration de l'Impératrice, & une
miffive explicative du Comte *Panin*

n'annoncent que des expreffions con-
ciliatoires, que des ménagemens adroits,
que du refpeɛ pour l'indépendance
de la République ; c'eſt l'olivier à la
main que le prince *Repnin* prépare le
poiſon.

Il circule dans les claſſes de Citoyens
les plus indignées , les plus défiantes.
L'Ambaſſadeur Ruſſe forme, en 1767,
cette funeſte confédération de Radom,
à laquelle il rallie les mécontens ; on
engage des Catholiques , des Magnats,
en aſſurant à chacun qu'on ſatisfera à
ſes paſſions , qu'on redreſſera ſes griefs:
on va même , c'eſt un fait authentique,
juſqu'à promettre à quelques-uns d'entre
eux *de détrôner le Roi !*

Aveuglé par tant d'artifices , le prince
Charles de Radziwill , le plus ardent
des antagoniſtes de la Ruſſie , proſcrit,
errant , dépouillé depuis le nouveau
règne , devient la colonne de cette
myſtérieuſe confédération : le prince
Repnin le comble de prévenances ; il

l'attire à Radom , il le nomme Maréchal de l'affociation ; mais ce retour du
Prince fut le commencement de fa
captivité : le colonel Ruffe & *Igeftrom*
l'entoure de fes fatellites, qu'il appeloit
une efcorte , le garde à vue , pénètre
infolemment dans toutes fes conférences , & écarte de fon hôtel les per-
fonnes fufpectes à la Ruffie.

La confédération elle-même ne tarde
pas à devenir prifonnière comme fon
Maréchal. Radom eft inondé de fufiliers
& de cavaliers Ruffes : leur comman-
dant , le colonel *Karr* , inveftit tous
les quartiers , pointe des canons contre
l'Affemblée générale & contre les con-
venticules féparés. Dans cette pofition ,
le prince *Repnin* ordonne la convocation d'une Diète extraordinaire à
Varfovie , repréfente les demandes
des Diffidens, & mêlant la dérifion à la
violence , il exige l'envoi d'une Ambaf-
fade qui remercie l'Impératrice de *fes*
foins paternels. Vainement ces procédés

ouvrent les yeux des confédérés enlacés de toutes parts : le plus grand nombre veut ſe retirer ; toutes les iſſues étoient gardées , chacun eſt forcé de dévorer ſon indignation.

Enfin la Diète , cette mémorable Diète , s'ouvre au mois d'octobre 1767. Qu'on ſe peigne les diſpoſitions d'une aſſemblée précédée d'une ſemblable oppreſſion : par-tout les baïonnettes Ruſſes avoient préſidé aux Diétines d'election ; le grand Echanſon de la couronne avoit été enlevé par les ordres du prince *Repnin* , & transféré à Polona : la République entière offroit le ſpectacle d'un peuple conquis , & tyranniſé par ſes conquérans.

La veille de l'ouverture de la Diète, l'un des Conſeillers de la confédération, aſſez courageux pour élever la voix, eſt arraché de ſa voiture , au milieu de la rue , & chaſſé de la capitale. L'Aſſemblée légiſlative eſt bloquée au-dedans & au-dehors. Les deſcendans de ces Polo-

nois , jadis fi redoutables aux Mofcovites , fe voient affigés dans la falle de
leurs délibérations ; la foldatefque Ruffe ,
des batteries de canons fervoient d'or-
ganes à ces étranges pacificateurs de
la République. C'eft au milieu de cet
appareil que les légiflateurs font invités
à recevoir & à fanctionner les ordres
du général Ruffe , qualifié de Plénipotentiaire.

Entre ces décrets du prince *Repnin* ,
prefque tous deftructifs des lois , il en
exiftoit un décifif de la fervitude des
Polonois. La Ruffie exigea qu'ils, fou-
miffent à fa garantie éternelle , *leurs
lois , libertés , prérogatives , droits de
chacun , la forme entière de gouvernement , & l'admiffion des Grecs Schis-
matiques ,& Diffidens, aux dignités.* (1).

C'étoit effacer la Pologne du nombre
des corps politiques , anéantir fon indé-

_____

(1) Voyez la réponfe explicative du Prince *Repnin.*

pendance

pendance dans fa racine, & comme le dirent enfuite les confédérés de Bar, avertir l'Univers que *la République étoit & ne cefferoit jamais d'être une province Mofcovie.*

La confternation & le défefpoir étoient dans tous les cœurs. Cependant, un homme digne de l'ancienne Rome, *Soltyk*, Evêque de Cracovie, ranime le courage de la Diète, parle avec autant de force que de raifon & de dignité ; fon éloquence ébranle Sénateurs & Nonces ; ils reprennent leur hardieffe, & l'oppofition devient éclatante. Jamais l'Europe ne perdra la mémoire des attentats qui fuivirent cet inftant. La nuit fuivante, le colonel *Igeftrom* force l'hôtel du Maréchal de la couronne, miniftre de la République, & dont la demeure étoit un afyle facré. Les fatellites du prince *Repnin* en arrachent l'Evêque de Cracovie. Il eft livré à une troupe de Cofaques : l'Evêque de Kiovie, la Palatin

F

de Cracovie *Rzewuski* & son fils, sont enlevés de leur lit, traînés captifs en Sibérie, sans obtenir les soins de leurs domestiques. Pour prévenir toute vengeance, les Russes traitent Varsovie en ville prise d'assaut : personne ne peut y entrer ni en sortir ; la Vistule est barrée ; on subjugue l'Assemblée Nationale par la famine & les canons. Ainsi furent extorqués tous les décrets de cette Diète garrottée ; ainsi le prince *Repnin* pacifia la Pologne.

» Tant d'actes de souveraineté, dit » le Roi de Prusse, qu'une puissance » étrangère exerçoit dans la Républi- » que, soulevèrent à la fin tous les esprits (9). » Une poignée de gentils-hommes, rassemblés en Ukraine par le désespoir, donnèrent le signal : la confédération de Bar se forma, s'accrut, combattit contre la tyrannie sous laquelle

---

(1) Mémoires de 1763 jusqu'en 1775, pag. 32.

expiroit la République. Malheureuſe-
ment, cette réſiſtance, qui de jour en
jour devenoit plus univerſelle, ne fut
appuyée d'aucune Cour étrangère, ou
ne le fut que mollement, & par des
voies très-inſuffiſantes. Elle fournit aux
Ruſſes l'occaſion de conſommer leur
ouvrage. Pendant quelque temps, les
ſuccès furent balancés ; mais la Confédération, abandonnée à elle-même, trop
découſue dans ſes plans & dans ſes
opérations, ne ſervit qu'à exercer la
barbarie des commandans Ruſſes. On
en vit un, le colonel *Drewitz*, faire
couper les mains de ſes priſonniers, &
les maſſacrer de ſang-froid. Monaſtères,
égliſes, âges, ſexes, rien ne fut épargné ; aucun aſyle qui ne fut violé,
aucun genre de férocité dont les Ruſſes
ne donnaſſent le modèle : les terres,
les meubles des confédérés, la Pologne
entière, furent livrés au pillage ; & ſans
diſtinction de rangs, comme ſans res-

peĉt pour les lois de la guerre , un grand nombre de Gentilshommes prifonniers allèrent périr d'inanition en Sibérie.

Au milieu de ces horreurs , la Porte *Othomane* s'étoit déclarée , pour venger une violation de territoire , pour aider un ancien & utile allié , & pour prévenir que le torrent qui inondoit la Pologne , ne débordât fur fes poffeffions.

Conduite de la Ruffie avec le Dannemarck. Cette rupture , en occupant la Ruffie , n'occupoit pas moins le Roi de Pruffe fon allié , & la Cour de Vienne. Quant aux Etats du Nord, l'Impératrice les avoit condamnés à l'immobilité ; elle gouvernoit la Suède , fous le nom du Sénat : le Danemarck obéiffoit à fes Envoyés.

Elle pouvoit craindre , non fans raifon, que ce dernier Royaume profitât de l'occurrence pour fe former des liaifons capables de le foutenir, en cas que la longue & interminable querelle touchant la poffeffion du Duché de Slefwick, vînt à fe renouveler. *Frédéric V* vivoit encore. L'Impératrice lui envoya le Confeiller privé de *Saldern*, Négociateur dont les manières & le defpotifme étoient parfaitement analogues au caractère de fa Cour.

De Berlin, où il s'étoit fait moquer du Roi de Pruffe, en lui intimant les volontés Mofcovites, il alla déployer fes hauteurs à Copenhague, fubjugua le Roi de Danemarck, chaffa & créa à fa fantaifie des Miniftres & des Généraux, & finit par propofer amicalement l'échange du Slefwick.

Frédéric V étant mort avant la conclufion de ce traité, M. de *Saldern* s'érigeant en Tuteur du nouveau Roi, le détermina à voyager, malgré le vœu de fes Miniftres & de la Nation. *Saldern* & fon collegue *Philofophof* devinrent les arbitres des plans, des confeils, des décifions, de toutes les affaires pu-

bliques , même des actions privées
du Roi de Danemarck. Dans leur
dictature , ils s'élevoient au-deſſus
de tous les égards , & ils exerçoient
leur deſpotiſme avec offenſe. En 1767,
ils avoient fait ſigner au Roi le traité
provifoire de l'échange du Sleſwick ;
leur influence impérieuſe étoit devenue
illimitée , lorſqu'elle fut ſubitement
anéantie par la révolution qui porta
au Miniſtère *Struenſée* & le Comte de
Rantzaw.

Le premier forma le plan d'un chan-
gement de politique , qui rendit au
Danemarck ſon indépendance. Ne ſe
laiſſant point impoſer par les hauteurs
des Envoyés Ruſſes , il jugea l'inſtant
favorable pour ſe délivrer de leurs com-
mandemens. Voyant la Ruſſie affoiblie
par la guerre contre les Othomans,
obligée de tenir la Pologne ſous la
garde de trente mille hommes , épui-
ſée dans ſes finances , & non ſans crainte

de troubles intérieurs , il tenta de rapprocher le Danemarck de la Suède, de ne plus concourir à brouiller les affaires de ce dernier Royaume, & de fonder dans le Nord une Balance politique contre l'ambition de la Ruffie. Le deftin de celle-ci l'emporta encore ; les projets de l'infortuné *Siruenfée* périrent avec lui , & le Danemarck retomba fous le joug : de nouveau il fe mit à la fuite de la Ruffie , & contracta une alliance qui le forçoit d'intervenir un jour dans toutes les querelles de cette Puiffance , c'eft-à-dire , de la défendre toutes les fois qu'on réfifteroit à fes entreprifes fur la liberté du Nord. Contre la Pologne opprimée , contre la Porte en armes, l'Impératrice n'avoit donc à redouter que les négociations, ou plutôt les intrigues, fans fecours réels , d'une Puiffance du premier ordre , & la Cour de Vienne. En effet, celle-ci ne s'aveugloit pas fur l'afcen-

dant de la Ruſſie. Les progrès rapides
de ſes manœuvres & de ſes armes,
alarmoient les Puiſſances éloignées, à
plus forte raiſon celles de ſon voiſi-
nage : la maiſon d'Autriche ſentoit le
péril de voir approcher de ſes frontières un Empire accoutumé à ne reſpecter celles de perſonne. Une fois la
Porte Othomane écraſée, la Pologne
ſubjuguée, le Danube franchi par les
Ruſſes, cet ouragan envelopperoit in-
failliblement la Hongrie & les provinces
limitrophes. Le Roi de Pruſſe lui-même,
quoiqu'allié de la Ruſſie, craignoit
qu'avec le temps, elle ne tentât de
lui impoſer des lois comme à la Pologne.

Dans ce danger commun, il ſe rapprocha de la Cour de Vienne; fait qui
mérite la plus haute attention, dont
Fréderic II a lui-même conſacré la
certitude, & qui doit ſervir de fanal au
Nord & à l'Allemagne entière, dans les

conjonctures actuelles. Répétons donc
que le plus grand génie qui ait occupé
un trône , & l'un des hommes d'Etat
les plus pénétrans (le Prince de *Kau-*
nitz), fentirent la néceffité de mettre
fin aux tentatives ultérieures de la
Ruffie ; tentatives que nous l'avons vue
reprendre & pouffer fans interruption.

Le démembrement de la Pologne
réfulta de ce choc d'intérêts & de négociations. Tout le blâme doit en re-
tomber fur la Puiffance dont l'ambition, allumant celle de fes voifins , les
força , fous peine d'une guerre générale, de foufcrire à cette injuftice qui
fera la honte de notre fiècle. Nous difons foufcrire, car non-feulement les
prétentions & les violences de la Cour
de Pétersbourg ne laiffoient plus le
choix des moyens propres à y mettre
un terme ; mais ce fut l'Impératrice
elle-même qui , la première , confacra
ce partage fcandaleux. Long-temps l'opinion a varié à cet égard ; mais *Frédéric II* .

Partage de la Pologne.

lui a fourni une lumière dans cet ouvrage immortel, fon dernier teftament,
où il a dépofé le récit de fes fautes avec
tant de candeur, & celui de fes exploits
avec tant de modeflie.

» L'Impératrice de Ruffie, nous ap-
» prend ce grand homme, irritée de
» ce que d'autres troupes que les fiennes
» ofoient faire la loi en Pologne (1),
» dit au Prince *Henri* (2), que fi la
» Cour de Vienne vouloit démembrer
» la Pologne, les autres voifins de ce
» Royaume étoient en droit d'en faire
» autant..................... Le
» Comte de *Solms*, Envoyé de Pruffe,
» fut chargé d'examiner fi ces paroles
» échappées à l'Impératrice avoient

---

(1) Le Roi de Pruffe fait ici allufion au féqueftre
que fit un détachement de troupes Autrichiennes de la
Seigneurie Polonoife de *Zips*, fur laquelle la Cour de
Vienne formoit des prétentions.

(2) Le Prince Henri de Pruffe étoit alors à Pétersbourg.

» quelque folidité, ou fi elles avoient
» été proférées dans un moment d'hu-
» meur & d'emportement paffager. Le
» Comte *Panin* fentoit de la répugnance
» à ce démembrement ; mais l'Impéra-
» trice étoit flattée de l'idée qu'elle
» pourroit fans danger étendre les li-
» mites de fon Empire. Ses favoris &
» quelques Miniftres fe rangèrent de
» fon fentiment. On annonça au Roi
» de Pruffe la réfolution qui venoit
» d'être prife , comme un expédient
» qu'on avoit imaginé pour le dédom-
» mager des fubfides qu'il avoit payés
» à la Ruffie. «

Cette convention léonine ne paffa
point néanmoins fans de grandes difficultés de la part des Ruffes. Ils ne
vouloient fe déffaifir ni de la Moldavie, ni de la Valachie, dont ils étoient
maîtres : jamais la Cour de Vienne
n'eût confentie à cette ufurpation. Du
côté du Roi de Pruffe, tous les rifques
étoient pour lui, tout l'avantage pour

l'Impératrice. Les Miniſtres de cette Princeſſe s'épuisèrent en ſinuoſités & en lenteurs pour abſorber ſeuls le gain de cette ſpoliation. Enfin, la fermeté de deux Cours co-partageantes fit céder cette inflexible avidité, & le traité fut conclu en Février 1772, dans une proportion moins inique d'iniquité commune.

Nous ne rappelerons ni le ſcandale de ce période de notre hiſtoire, ni la violation de tous les droits sociaux, ni le mépris de toutes les remontrances, ni les affreuſes menaces, ni les outrages de tout genre, à l'aide deſquels on extorqua à la Diète de Pologne, la ratification de cet envahiſſement. L'Ambaſſadeur Ruſſe joua le rôle principal dans cette ſcène; ſeul, il en conduiſit le dénouement. On jugera du degré d'arrogance de ces oppreſſeurs diplomatiques, par une lettre de M. de *Saldern* au Comte *Oginski*, Grand-Général de Lithuanie. Le 21 Juin 1771, l'Envoyé Ruffe écrivit à ce Magnat, l'un des premiers perfonnages de l'Etat : » L'Ambaffadeur vous répète les » ordres de fa Souveraine , de vous » rendre à Varfovie , fi voulez jamais » être digne de fa protection : fi vous » les méprifez , vous en fentirez les » effets, fans que j'aie befoin de vous » menacer. «

Durant ces violences fans exemple, des Emiffaires Ruffes, des Gazetiers à gages, des Ecrivains flatteurs & flattés, repréfentoient les Polonnois comme une troupe de fanatiques , de *rebelles.* Les manifeftes mêmes de l'Impératrice étoient remplis de ces épithètes. Dans une lettre à Voltaire , elle appelle ces Confédérés que fes Généraux pilloient , maffacroient , faifoient mourir de faim en Sibérie , *les Mutins de Pologne.* *Voltaire* s'extafioit fur ces exécutions philofophiques ; il inventoit une langue d'adulation , il nommoit *Catherine II*, *l'Aftre du Nord;* il étoit le

Prêtre de son Temple. Cent Auteurs pensionnés répétoient ces bassesses en Allemagne & à Paris.

Ses frontières tombées, ses domaines perdus, ses citoyens égorgés ou fugitifs, il ne restoit plus à la République que de voir sceller l'anéantissement de son indépendance. On la força de remettre l'examen des projets de ses Conquérans à une Délégation présidée par un homme vénal & méprisé, dont les concussions inouies viennent enfin d'être dénoncées à la Diète, à l'instant où elle a recouvré sa liberté. Deux actes distincts furent portés par les Puissances partageantes aux délibérations asservies de la République : le premier sanctionnoit le démembrement ; le second fixoit une forme de Gouvernement pour la République. Malgré son affreuse situation, & les menaces faites à la Diète, cinquante-cinq Nonces seulement contre cinquante-quatre adhérèrent au partage : près de la moitié des

Repréfentans de l'Ordre équeftre s'abfen-
tèrent ou furent écartés. Quant au
plan de Conftitution, il confacroit tous
les défauts du Gouvernement de Pologne, y introduifoit des nouveautés
pernicieufes, & enlevoit au Légiflateur
même la faculté de corriger fes lois. Par
la plus perfide de ces innovations, on
réunit le pouvoir exécutif, l'interpré-
tation des lois, & l'exercice prefqu'entier de la Souveraineté dans un Confeil permanent. Cette feconde République, dont l'Adminiftration duroit
deux années, devoit prévaloir infailli-
blement fur le Souverain, affemblé fix
femaines feulement.

Cette formation facilitoit la domination étrangère; car il devenoit bien
plus aifé de corrompre un corps peu
nombreux, que des commiffions exécu-
trices féparées, & qu'une affemblée
comme la Diète. Auffi la Ruffie efti-
ma-t-elle effentiellement important d'o-
pérer cette révolution, & la République

de s'y oppofer. Le Roi lui-même & la pluralité des voix repouffèrent ces décrets infidieux, qualifiés de *r orme*. Il fallut un an d'efforts, de corruption, de menaces pour furmonter cette dernière réfiftance. Cependant elle reparut l'année fuivante 1776, lorfqu'il fut propofé à la Diète d'achever & de confolider ce boulverfement. Au commencement de cette année, M. *Staniflas Potocki*, Nonce de Lublin, parlant à l'Affemblée régénératrice, qui vient de replacer la Pologne au rang des Puiffances politiques, a caractérifé, en ces termes, cette Diète de 1776, ouvrage particulier de la Ruffie : » Cette Diète » viola les droits les plus facrés de la » Nation, lorfque tout Polonois, libre » & indépendant, fe vit repouffé comme » efclave de ce fanctuaire de la liberté, » qui, entouré d'armes, fut fermé aux » plus vertueux Citoyens. «

On ne doit pas perdre de vue que l'acte du 15 Mars 1775, conftitutif du
Confeil

Conseil permanent & de toutes les lois nouvelles, ne fut signé que du Ministre de Russie ; ceux des deux autres Puissances ne l'ont jamais ratifié : or, leur concours & leur signature étoient une condition impérative, dictée par la République à la Délégation qu'on avoit chargée de traiter avec eux ; mais la Russie ne s'arrêta point à cette nullité fondametale.

Non seulement elle força de son commandement, & pour son avantage propre, l'accession de la Pologne à ce Traité ; elle imposa de plus le joug de sa garantie éternelle à toutes les lois constitutives, civiles, fiscales, économiques, qu'elle faisoit proclamer à Varsovie, au bruit du tambour de ses soldats. Ce fut le dernier coup porté à la République expirante ; ainsi, on l'effaça du nombre des Nations. Elle cessa, il est vrai, d'être saccagée par des protecteurs, & envahie par des auxiliaires ;

G

mais l'Ambaffadeur de Ruffie devint le Vice-roi de la Pologne ; fes créatures remplirent le Confeil permanent; fes troupes firent de la République leur propre territoire : une fuite de Diètes ferviles annoncèrent dans l'Etat cette léthargie qui fuit les grands revers. Déja l'Europe ne confidéroit plus la Pologne qu'en qualité de vaffale enchaînée de l'Impératrice, lorfque le jour de la juftice eft arrivé. Un frémiffement fecret annonçoit, depuis quelque temps, les difpofitions des Polonois ; le nouveau différend de la Cour de Pétersbourg avec la Porte Othomane, les fit éclater. La République s'indigna de voir fes Provinces Méridionales inondées de troupes Ruffes, furchargées de leurs magafins, infeftées de leurs recruteurs qui enlevoient de force les payfans, traitées en un mot, comme auxiliaires de la Ruffie, & expofées à partager les maux de la guerre, fi les Turcs vouloient fe reffentir de cette violation de la neutralité. Dès que la Diète fut affemblée fous les liens d'une Confédération , un Souverain puiffant lui adreffa une Déclaration mémorable , qui fervit de guide aux délibérations , & d'aiguillon à l'énergie nationale. Le réfultat de fes efforts tiendra une place honorable dans l'Hiftoire du dix-huitième fiècle.

Les évènemens dont nous venons de parcourir la trace , ne font que les premiers anneaux de la chaîne d'entreprifes dont la Ruffie menaçoit l'Europe : le fyftême de cette Puiffance embraffoit bien d'autres invafions. La fidélité de la Porte-Othomane à remplir fes engagemens envers la Pologne , fit éclore ces deffeins, médités depuis *Pierre-le-Grand*, & plus particulièrement conformes au caractère de l'Impératrice , comme auffi plus néceffaires à fa pofition.

Syftêm Oriental de la Ruffie.

En 1769, fes troupes , à la pourfuite

des Confédérés de Bar, ne respectèrent le territoire Othoman pas plus qu'elles n'avoient respecté celui de la Pologne. Elles pillèrent & dépeuplèrent la ville de Balta en Moldavie. A la demande d'une réparation, les Russes répliquèrent en répétant les mêmes violences sur divers lieux de la domination du Grand-Seigneur, où les Polonois cherchoient un asile. C'étoit un outrage au droit des gens & aux traités. Celui de *Pruth* n'étoit pas moins contraire à la tyrannie militaire que les Russes exerçoient en Pologne (1). Ainsi, que la politique active & éclairée du Duc de *Choiseuil* eût décidé la Porte à la vengeance, ou que d'elle-même cette

_____

(1) » Aucunes troupes Moscovites ne pourront rester » en Pologne sous quelque prétexte que ce soit, le Czar » ne pourra se mêler en aucune manière du Gouverne-» ment de la Nation Polonoise, encore moins y faire » rentrer ses troupes à l'avenir. « *Traité du Pruth*, art. 3. *Traité de Constantinople*, art. 1.

Puiſſance ſe fût ſoulevée contre l'infrac-
tion des traites de *Carlowitʒ*, *de Pruth*,
& *de Conſtantinople*, ſa déclaration de
guerre repoſoit ſur la néceſſité de défendre ſes frontières. Ayant garanti à la
République l'intégrité de ſes poſſeſſions,
elle étoit intéreſſée à en prévenir le démembrement. Eh ! plût au Ciel que les
autres Cours Européennes euſſent autant de reſpeſt pour leurs engagemens,
& de fermeté à en maintenir l'obſerva-
tion !

La fortune, cependant, couronna l'in-
juſtice. Chez les Ruſſes, l'audace & le
courage matériel, mais inébranlable des
ſoldats, compenſèrent les fautes ſans
nombre de l'inexpérience & de l'inha-
bileté. Chez les Othomans, la valeur
ne put ſuffire contre des changemens
perpétuels de Commandans ; contre les
projets particuliers de quelques-uns d'entr'eux qui, plus d'une fois, firent man-
quer le plan général ; contre l'inſubor-
dination, pire que la lâcheté ; contre la

G iij

corruption, exercée dans le Divan même par les ennemis de l'Etat ; contre la pufillanimité qui monta sur le Trône avec le fuccefleur de *Muftapha III*.

En 1774, à la fuite de revers humilians, la Porte figne le traité de *Kainardgick*, monument de fa foibleffe, indice de fon impuiffance, avant-coureur de fes défaftres ultérieurs. La Ruffie y pofa la bafe de nouvelles entreprifes : c'étoit l'inftrument avec léquel les yeux clair-voyans prévirent bien que l'Impératrice tenteroit de brifer un jour le Sceptre qu'elle venoit d'avilir. Dès ce moment, l'Europe alarmée, s'exagérant encore, d'après l'enthoufiasme vénal ou ignorant des prôneurs de l'Impératrice, les fuccès auxquels pouvoit prétendre cette Princeffe triomphante, confidéra l'Empire Othoman comme à la veille de fa chute.

Cette opinion fut entretenue par la claffe d'efprits médiocres, qui ont juftement affez de talent pour lier des effets

connus à des caufes fyftématiques, pour
méconnoître abfolument l'empire du ha-
fard & des circonftances, pour confon-
dre l'accidentel avec le néceffaire, & pour
travailler d'imagination fur la politique.

Ceux, au contraire, à qui ces fpécu-
lations philofophiques n'en impofoient
nullement, voyoient la Ruffie non moins
épuifée que fes ennemis. De l'aveu du
Maréchal de *Munich*, la pénultième
guerre avec les Turcs, coûta à l'Empire
deux cent cinquante mille hommes. L'i-
magination eft effrayée du nombre de
foldats qu'il perdit en Pologne, en Tar-
tarie, fur le Niefter, fur le Danube &
dans l'Archipel, depuis 1768 à 1774.
Pugatchef maffacra cent mille habitans;
la pefte en enleva huit cent mille : en
1771, quatre cent mille *Calmoucks*,
horiblement traités fous la domination
des Ruffes, défertèrent vers l'autre ex-
trémité de l'Afie, & ces pertes fe ré-
pétent, s'accumulent dans un défert,
dans un pays qui ne compte que vingt

habitans par lieue quarrée, où tous les
enrôlemens font forcés, où l'on a levé
un fujet fur 35. Quelques millers de
Grecs, enlevés de force, ou attirés par
des promeffes trompeufes, quelques Co-
lonies étrangères, avortées prefqu'à l'inftant de leur formation, un ramas de va-
gabonds & d'avanturiers qui fe jettent en
Ruffie lorfqu'ils ont été chaffés de par-
tout, ne peuvent compenfer une fi effrayante dépopulation. Il eft vrai que des
Effaims de Calmoucks, de Cofaques, &
de cent hordes plus barbares que leur
nom, ne font pas une dépenfe à regret-
ter ; mais, enfin, on ne peut les perdre
& les avoir, ni produire des générations
auffi aifément que des manifeftes, ou
des tables ftatiftiques pour les gazettes.
Il eft vrai encore que les ufurpations
fur la Pologne, les conquêtes fur les
Turcs, accroiffent le dénombrement des
efclaves de l'Empire ; mais certes il
n'appartient qu'à l'admiftration de la
Ruffie, de dépeupler les domaines pro-

pres de l'Etat, pour fe remettre au ni-
veau par des acquifitions fur fes voifins.

Les finances, le crédit public, la
flotte, les magafins, tout participoit à
cet épuifement général. Des opérations
ruineufes, des billets d'Etat, multipliés
avec profufion, annonçoient le défaut
de reffources tant foit peu folides. On
favoit que l'Impératrice, au milieu de
fes victoires & de la pompe de leur annonce, avoit vivement follicité la paix,
par l'entremife de M. *Murray*, Ambaffadeur d'Angleterre à Conftantinople,
enfuite par M. de *Zegelin*, Miniftre du
Roi de Pruffe. On favoit que de cette
éclatante expédition navale dans l'Archipel, expédition dont l'Europe étoit
encore étourdie, il n'étoit réfulté que
des dépenfes inouies, des brigandages
dans la Grece, une victoire due à l'expérience des Anglois, *Elphinſton*, *Dug-
dale*, & du Piémontois, Comte de *Ma-
fin*; mais pas une conquête de confer-
vée, ni un avantage à l'aide duquel on

pût en obtenir de nouveaux par la fuite. On favoit qu'à la prodigalité des dépen-fes publiques, fe joignoit celle des dé-penfes particulières de fafte, de magni-ficence , de conftruction , de largeffes fabuleufes par leur excès; que l'Empire, ainfi paré d'une éblouiffante repréfen-tation , comptoit à peine , en revenus fixes , les deux cinquièmes de ceux de l'Angleterre ; que fon numéraire , fon commerce , fa navigation , fa richeffe publique , étoient bien loin de pouvoir foutenir de fi hautes deftinées.

On favoit que cette mémorable cam-pagne de 1774 , avoit été précédée de disgraces férieufes dans la précédente , du ravage des maladies & de la difette dans l'armée délabrée de M. de *Roman-ʒof ;* que , fans la timidité du Grand-Vizir à profiter de fes avantages , c'en étoit fait de cette armée , qu'on ne re-crutoit plus qu'avec des peines infinies ; qu'un vagabond Cofaque avoit porté la terreur dans les Provinces Méridionales , propagé l'efprit de révolte jufqu'à Mofcou intimidé , & montré le péril où, en temps de guerre , un homme har-di , moins cruel & plus fage , pouvoit plonger l'Empire.

De toutes ces obfervations , les po-litiques mûrs concluoient que , dans l'i-vreffe des victoires , l'ambition de la Ruffie n'auroit plus de frein ; mais que l'excès même de fes profpérités en amé-neroit le terme.

Immédiatement après la paix de *Kai-nargik* , on vit fe déveloper tous les in-dices du projet de démembrer l'empire Othoman. L'Impératrice, exaltée par fes flatteurs , par fes favoris , par les écri-vains qui excitoient fon entoufiafme à libérer la Grèce, & à régner fur Conf-tantinople , fentant la délicateffe des conjonctures où elle fe trouvoit placée , inftruite des révolutions qui avoient ren-verfé du Trône un grand nombre de fes prédéceffeurs , pouvoit attacher fa gloire & fa fureté à fonder un nouvel empire fur le Bosphore. Des tableaux allégoriques, exécutés à Pétersbourg, repréfentoient cette Souveraine relevant les ruines de la Grèce, & foulant aux pieds l'Etendard de *Mahomet*. La gravure frappoit des médailles avec l'effigie du *Labarum*. Tous les arts, tous les talens, encourageoient de leur idolâtrie cette deftruction du nom Othoman en Europe ; les traités de partage tomboient de la plume libérale de cent auteurs profonds.

Par la paix de *Kainardgick*, les deux Puiffances avoient reconnu la Crimée *libre & indépendante ;* elles s'étoient interdites toute intrigue, toutes menées capables de troubler l'harmonie ; mais le cabinet de Pétersbourg s'étoit accoutumé à l'exemple des Empereurs Romains, qui envoyoient un Général en Bretagne ou en Arménie, pour y manifefter leurs volontés les armes à la main. La Pologne écrafée n'offroit plus d'obftacles aux mouvemens des Ruffes. En fouftrayant les Tatars à la dépendance de la Porte, ils s'étoient ménagés les moyens de tenir dans la leur ces turbulantes légions; ils s'étoient donné des ports & des forterefles fur le Pont-Euxin; un Khan à leur dévotion gouvernoit ces contrées célèbres par les rêves de la mytologie; des arfenaux de marine, des chantiers, des conftruétions s'étoient élevés, ainfi que des batteries & des citadelles. Le Coloffe de l'Empire avoit un pied au Kamtschatka, & l'autre à Cherfon. *Sahim Gueray*, Kan docile, fermoit les yeux fur les manœuvres pratiquées autour de lui; la reconnoiffance, ainfi que l'intérêt, l'attachoit à l'Impératrice. Son éleétion avoit été forcée comme celle du Roi de Pologne; elle promettoit les mêmes fuites.

Ouvertement affocié aux projets de la Ruffie, & leur facrifiant les intérêts de fa Nation, ce Chef éleétif excite bientôt le mécontentement général : en 1777, on le prive d'un commandement dont il forfait les obligations, & trente mille Tartares indignés lui donnent un fuccesseur de leur choix. Ni sa dignité, ni ses droits n'étoient sous la garantie de la Cour de Russie, tenue à rester dans les liens de la neutralité. Ses troupes néanmoins s'avancent pour *pacifier* la Crimée, ainsi qu'on avoit *pacifié* la Pologne. Cette Peninsule, solennellement déclarée indépendante par une paix jurée devant Dieu & devant les hommes, est assaillie de soldats Russes : malgré le vœu général de la Nation, ils réintègrent le Khan qu'elle a dépossédé. Le Compétiteur de *Sahim Gueray* cherche un asile à Constantinople, sollicite des secours, offre de rendre à la Porte Othomane un hommage qu'elle a perdu. L'exemple de la Russie autorisoit le Grand-Seigneur à intervenir dans ce démêlé, à protéger le Khan librement & légalement élu. Cependant la foi des traités, & la prudence l'emportent dans le Divan ; il refuse même d'entendre les députés Tartares : il se borne à des représentations. Mais une fois maîtres du terrain, & leur Khán rétabli, les Russes restent en Crimée pour y maintenir leur ouvrage, & la Porte a la foiblesse d'acquiescer à la réintégration du Chef Tatar, protégé de l'Impératrice.

Ces vues pacifiques, cette imprudente condescendance, enhardissent la Russie : au même instant elle fait naître d'autres difficultés ; elle exige un Traité de commerce, dont les conditions décéloient assez le but. Quoique ce Traité soit la honte de l'Empire, & le révolte, quoiqu'il mette en péril la sureté future de Constantinople, les mêmes conseils, la même modération inconsidérée, prévalent à la Porte, & en 1779, elle signe une convention additionnelle qu'on lui présente comme le sceau d'une éternelle réconciliation.

Ces sacrifices, on devoit le pressentir, n'opéroient qu'une trève momentanée, en facilitant le succès de nou-

velles tracafferies , plus ou moins pro-
chaines. C'eft , en général, une politique
mal-a-droite, que celle d'éviter la guerre
par des conceffions , qui affurent à vos
ennemis de plus grands avantages à vous
attaquer,

La Porte , d'ailleurs , avoit à redouter un nouveau danger , l'Impératrice
à efpérer un nouvel appui. Soit par
l'effet de l'inconftance ordinaire du cabinet de Pétersbourg , foit par celui de
quelques intérêts communs entre la
Ruffie & la Maifon d'Autriche , le traité
de la première avec le Roi de Pruffe
étoit expiré , & l'Impératrice venoit de
former une liaifon nouvelle. Le cabinet
de Vienne oublioit fes anciennes alarmes & fes anciens principes. Huit ans
auparavant , il ne vouloit pas permettre que les Ruffes s'étendiffent en Moldavie , qu'ils rapprochaffent leur domination de la fienne , qu'ils paffaffent
le Danube , qu'ils donnaffent la loi
aux Othomans. L'Impératrice Reine ,
&

& le Prince de *Kaunitz*, pénétrés de l'importance de ces maximes de conduite, entrèrent en négociation avec la Porte & se préparèrent à la défendre (1). La mort de *Marie - Thérèse* amena une autre politique. La défiance entre les deux Empires fit place à l'intimité. Déja, & antérieurement, la paix de *Teschen* avoit été conclue sous les auspices & par les soins de *Catherine II.* Une entrevue impénétrable de cette Princesse avec l'Empereur resserra des nœuds si peu naturels, si peu soupçonnés : un Traité, dont les cabinets cherchèrent vainement à saisir le secret, confirma l'Europe dans ses craintes, & dans l'attente des projets sur lesquels étoit fondée cette redoutable association. Telles étoient les conjonctures au milieu desquelles l'Impératrice de Russie, en 1782, s'empara de la Crimée.

---

(1) On peut voir dans les Mémoires du Roi de Prusse, l'effroi que causoit à la Cour de Vienne l'ambition de la Russie, & les négociations qui prévinrent une rupture.

H

Coupable de la plus infigne félonie, mercenaire inftrument de la politique Ruffe, *Sahim Guéray*-abdique fa dignité. La remet-il à fes conftituans ? Non : il la vend à l'Impératrice ; il vend une Souveraineté qui ne lui appartient pas. Lui , chef électif , régent amovible, il vend fes maîtres, fes électeurs. Jamais il n'exifta de ceffion plus illufoire : fi le roi de Pologne avoit donné fon trône à la Czarine, la République & l'Europe auroient-elles ratifié cette donation ? Auffitôt une armée Ruffe dépouille ces Tatars , reconnus libres en 1774 ; elle les affervit à fes propres lois , & cette prife de poffeffion eft fuivie d'un manifefte apologétique.

Lorfqu'*Attila*, *Tamerlan Sah-Nadir* , fubjugoient leurs voifins , ils s'inquiétoient fort peu qu'on les crût équitables , ou non : fans fcrupules , comme fans charlatanerie , ils exerçoient leurs brigandages, & avoient la pudeur de ne pas les colorer. Dans nos temps de

politeſſe, c'eſt l'humanité, c'eſt la philo-
ſophie qui violent les Traités, qui ſe
partagent les Etats, qui ſément la diſ-
corde, qui légitiment les uſurpations.
La Pologne abuſe de ſa liberté? On
l'aſſervit pour la ſauver de l'Anarchie.
Fomente-t-on des révoltes en Suede?
C'eſt pour l'intérêt de la liberté publique. Les contrées ignorantes, telles
que la Crimée, on doit s'en emparer
pour lui faire goûter les charmes des
beaux arts : ſi l'on envahiſſoit des Etats
éclairés, ce ſeroit inconteſtablement
afin de profiter de leurs lumières.

Dans ſon Manifeſte juſtificatif, l'Impératrice annonce qu'elle auroit perdu
le fruit de ſes victoires, ſi elle n'avoit
pris *Sahim-Guéray* ſous ſa protection :
c'eſt-à-dire qu'elle avoit conſacré l'indépendance des Tatars & la liberté de
leurs élections, autant ſeulement que
cette liberté & cette indépendance ſer-
viroient à ſes intérêts. La Porte, au
même titre, auroit pu également uſur-

per l'autorité fouveraine de la Prefqu'Ile : ainfi l'indépendance de cette contrée, affermie fans condition en 1774, auroit donc confifté à recevoir la loi d'un des deux Empires ; dès que l'un ou l'autre jugeroient utile de difpofer de fa fouveraineté.

Suivant le Manifefte, c'étoit l'amour du bon ordre & de la tranquillité, qui, avec *l'affiftance divine*, amenoient les armes Ruffes en Crimée, les y faifoient exercer un empire odieux ; adjuger la Primatie, appaifer les révoltes, & donner un Souverain au Souverain lui-même.

Toutes ces démarches étoient *dictées uniquement par l'amour de l'Impératrice pour l'humanité, & par la certitude que les Tartares, habitués à la fervitude, étoient incapables d'apprécier les avantages de l'indépendance ;* enfin, *le droit d'une ancienne conquête* (anéanti par le Traité de 1774), donnoit celui de s'emparer de la Crimée ; *feul moyen, d'ailleurs*

d'assurer une paix solide & permanente
entre les deux Empires.

Par les mêmes argumens, la Czarine pouvoit s'emparer de la Turquie
entière. L'ennui des discussions, le
soin de la tranquillité, la sureté du
voisinage, donnoient aux Russes des
droits semblables sur les provinces qui
les entourent. La Moldavie, la Georgie
fourniroient, comme la Crimée,
des sujets de discorde entre les deux
Empires. De proche en proche, on
iroit ainsi jusqu'en Egypte, parce qu'enfin il se trouveroit toujours des provinces dépendantes ou tributaires de la
Porte, toujours des objets d'alarmes
ou d'inquiétudes pour la Russie; en
sorte que la paix ne deviendroit *solide*
qu'après l'occupation universelle des
états Othomans.

A la nouvelle de cette surprise de
la Crimée, la Porte, balancée entre
l'indignation & l'étonnement, se pré-
para à éclater. Livrée à elle-même,

elle n'eût confulté que fa fureté , fon
jufte reffentiment , & la fureur publique ; elle eût ordonné à fes efcadres
d'appareiller , à fes armées de lever
les tentes : une influence puiffante &
digne d'égards modéra ces mouvemens qu'ordonnoit la faine politique.
On lui fit craindre des défaftres ; on
lui repréfenta les mouvemens de l'Empereur, auxiliaire de la Ruffie , & prêt
à agir avec deux cent mille hommes.
Ce confeil de temporifer l'emporta fur
celui de fe défendre, & quoique Conftantinople , fpris en quarante - neuf
jours par *Mahomet* II , reftât découvert
à l'avenir], & prefque fans fureté du
côté de la mer Noire , une convention
fignée au mois de janvier 1784 , légi-
tima l'ufurpation de la Crimée & du
Couban , mais à des conditions auffi tôt
enfreintes que ftipulées.

Bientôt la Georgie & les Cabartas
fubiffirent le même fort ; le prince *Hera-*
clius fut débauché , l'Egypte boulverfée

par les intrigues de la Ruffie. Par-tout,
& fpécialement en Moldavie, en Valachie , dans l'Archipel , fes Confuls
furent autant d'émiffaires employés à
corrompre les vaffaux de la Porte , &
à fomenter des troubles. Un Hofpodar
trahiffoit-il fon fuzerain ? il étoit fûr
d'un afile & d'une récompenfe fur les
frontières Mofcovites. Depuis le Traité
de 1774, deux d'entre eux avoient été
publiquement corrompus , & l'Impératrice regardoit leur châtiment comme un
attentat au Droit des nations. Au milieu
de la paix, on enlevoit les Grecs ; on les
foulevoit dans toutes les provinces. Des
navires Ruffes entroient-ils dans la Pro-
pontide ? cétoit en trompant continuel-
lement la Porte fur le nombre & fur le
port de ces vaiffeaux : chaque jour voyoit
élever des prétentions vexatoires ; on
alloit jufqu'à vouloir maîtrifer le Divan,
jufqu'à s'ingérer dans fon adminiftration intérieure, jufqu'à exiger des choix,
des déplacement d'Officiers publics.

En observant ces différends interminables que tant de Traités passés ne terminoient point, on se demandoit quelle seroit enfin l'issue de cette guerre de conventions & de vexations renaissantes, dont chacune donnoit lieu à de nouveaux empiètemens,& nécessitoit de nouveaux troubles ? Plus le Divan hésitoit, ou montroit de condescendance , plus les instances de la Russie devenoient impérieuses. L'opinion de l'Europe attentive se partageoit sur le dénouement de cette crise , lorsqu'on *vit Catherine* II réaliser la fable de *Séfostris* , partir en pompe des climats glacés de l'Ingrie, pour aller étonner de sa présence les rivages de la mer Noire , pénétrer dans ces nouvelles conquêtes , à-peu-près désertes depuis leur soumission , avec un cortège aussi redoutable qu'éclatant; reçue , au bord du Nieper , par un roi de Pologne ; en Tauride , par un Empereur d'Allemagne ; & , sous la sauvegarde de quarante mille hommes , pre

nant poffeffion d'une contrée Muful-
mane, prefque fous les yeux du fucceffeur des Khaliphes. Tandis que cette
princeffe déployoit une magnificence
Orientale aux yeux de ces peuples,
qu'elle a nommés dans fon dernier manifefte *un repaire de brigands ;* tandis
qu'elle infcrivoit en grec le chemin
de Byzanne fur l'une des portes de Kher-
fon, elle inquiétoit les Turcs par de
nouvelles hoftilités Diplomatiques.

Ce fpectacle, cette oftentation, ces
demandes non interrompues, reveil-
lèrent enfin le Lion affoupi. A peine
l'Impératrice rentroit à Pétersbourg, que
fon Envoyé à Conftantinople étoit enfermé aux Sept-tours, la mer Noire cou-
verte de vaiffeaux Othomans, les troupes
du Grand-Seigneur en marche, & la
guerre portée fur ce territoire qui venoit
de retentir d'acclamations triomphales.

Les circonftances & l'ébranlement
fourd d'une grande partie de l'Europe,
fembloient favorifer une réfolution

auffi décifive. La plupart des Cabinets étoient las des hauteurs de celui de Pétersbourg, ou inquiétés par fes deffeins : fon intimité avec la maifon d'Autriche n'étoit pas propre à diffiper cet ombrage. La raifon même ne rejetoit pas le foupçon d'une fecrette jaloufie entre les deux Cours , & qu'un prince auffi éclairé que l'Empereur[1], ayant le choix de fon voifinage , préféreroit les Turcs affoiblis , aux Ruffes dont la prépondérance devenoit par-tout une domination. Depuis la paix de Belgrade, l'intelligence entre la Porte & la cour de Vienne n'avoit pas été troublée : les Othomans refpectèrent les infortunes de *Marie-Thérèfe* dans la guerre de 1740 ; ils ne fongèrent point à profiter de fes embarras durant la guerre de fept ans. Quelques nuages s'étoient-ils élevés fur cette harmonie? Le Divan les avoit diffipés par fa modération ; les limites en Bofnie furent reglées à l'amiable ; les diftricts de la Buckowine, cédés par les Turcs avec une facilité inespérée.

De toutes ces considérations on pouvoit induire que la cour de Vienne garderoit, sinon une neutralité parfaite, du moins le rôle de simple auxiliaire.

Quoique la principale & la plus ancienne alliée des Othomans, livrée à des troubles intestins, & indéterminée dans son sistême politique, ne pût les secourir que par des négociations, la plupart des autres Etats leur offroient des amis secrets. L'Impératrice refroidissoit depuis dix ans l'attachement de l'Angleterre, par des procédés qu'on appelloit à Londres de l'ingratitude. Détachée de la Prusse, elle avoit promis son appui à l'échange de la Bavière, & la cour de Berlin ne considéroit plus celle de Petersbourg que comme l'associée de l'Empereur. La Pologne, attendant le jour de la vengeance, regardoit les Turcs comme ses libérateurs; enfin, la Suède avoit également des intérêts à défendre ; fa fureté , tant de fois compromife , à faire refpecter ; & fa place à reprendre dans l'équilibre du Nord, prefque anéanti depuis vingt ans.

Influence des Ruffes en Suéde. Aucun Etat ne nourriffoit contre la Ruffie plus de fujets de plainte. Dépouillé par elle de plufieurs Provinces au commencement du fiècle, il en éprouva depuis l'influence corruptrice & despotique. La conduite de *Charles XII* qui fit la gloire & le malheur de la Suède, avoit entraîné une révolution dans la forme du gouvernement : on ne confulta que les maux paffés , fans confidérer ceux qu'on alloit faire naître ; car , l'inconvénient des abus frappe la Nation qui en a l'expérience ; mais l'utilité ou le danger des réformes qu'on y fubfitue , font cachés par le temps , & l'avenir feul en découvre les effets.

Dans l'impétuofité de leur mécontentement, les Suédois , ou plutôt quelques Chefs de l'Etat , rompirent tout l'équilibre entre les parties conſtituantes du gouvernement : pendant l'intervalle des Diètes , le pouvoir exécutif fut transmis au Sénat , dont la pluralité forçoit les déciſions de l'autorité Royale. La nomination des Sénateurs & leur reſponſabilité furent attribuées aux Etats , investis du pouvoir légiſlatif entier. Non-ſeulement ils pouvoient , à volonté s'emparer de la puiſſance exécutive ſous leur dépendance , & dont chaque membre étoit expoſé à une démiſſion arbitraire des Etats ; ils s'arrogeoient encore la puiſſance judiciaire , & évoquèrent les jugemens à des commiſſions nommées dans leur ſein. Durant leur Seſſion , l'autorité complète leur étoit dévolue , & leur Comité ſecret devenoit le pouvoir exécutif. Aucune limite , aucune balance au deſpotisme de cette aſſemblée de 7 à 800 perſonnes. Quant à l'autorité Royale , elle étoit de pure repréſentation : le Roi n'étoit pas libre , même de congédier un domeſtique qui l'auroit offenſé ; & pour employer les expreſſions de M. *Sheridan , il ſembloit n'être qu'une pou-pée d'Etat , parée à certains jours de l'at-tirail de la Royauté.*

Une pareille conſtitution favoriſoit tous les vices , tous les déſordres , tou-tes les manœuvres des Puiſſances étran-gères. Auſſi , par l'article 7 de la paix de Nyſtadt, le Czar s'engagea-t-il à *s'op-poſer* à tous ceux qui voudroient chan-ger ces lois fondamentales de 1720.

La feule & véritable épreuve des Gou-vernemens eſt l'expérience. Quand ils entraînent des effets pernicieux , on eſt en droit de condamner leurs principes ; or , quel tableau offrit la Suède juſqu'en 1772 ? Affaibliſſement dans toutes ſes parties ; honteuſe négligence dans tous les départemens ; guerre inconſidérée, entrepriſe en 1737 , conduite avec au-tant de déshonneur que d'incapacité ;

l'efprit d'intrigue détruifant l'amour de la gloire ; le bien public facrifié à une criminelle avidité ; les places données, arrachées par l'efprit de faction. Tout devint vénal ; chaque fuffrage, chaque décifion, l'objet d'un calcul mercantil.

» La corruption, dit un grand Souve-
» rain, alla au point, que tantôt le
» parti François, tantôt la faction Ruffe
» l'emportoit dans la Diète, mais per-
» fonne n'y foutenoit le parti national. «

La Ruffie jouoit l'un des principaux rôles dans cette confufion. En attendant qu'elle fût feule arbitre de la Suède, elle ne perdit pas une occafion de profiter de l'Anarchie : ainfi, en 1750, elle éleva un différend fur les limites de la Finlan-de, & le fit régler à fa fantaifie.

La haine *d'Elifabeth* pour le Roi de Pruffe l'ayant rapprochée de la France & de l'Autriche, les premiers fruits de cette union furent à Stockholm, la ca-taftrophe de 1756, la fpoliation du foi-ble refte d'autorité, affuré par les lois à la Couronne ; des outrages fanglans à la perfonne du Roi & de la Reine; enfin, la guerre de 1756, cette guerre où la Suède marchoit en Vaffale, fans intérêt, fans raifon, fans juftice, & où fes troupes belliqueufes furent facrifiées à l'ineptie du gouvernement.

Depuis l'avénement de *Catherine II* au trône, les intrigues & les libéralités de fon cabinet redoublèrent à Stockholm : elle affermit la prédominance des *Bonnets* ; elle dicta toutes les réfolutions ; & tandis qu'elle pourfuivoit l'Anarchie en Pologne, elle la confolidoit en Suède. Il ne reftoit plus qu'à en détrôner le Roi, lorfque l'intrépidité de *Guftave III* prévint un dernier attentat, ramena le règne des lois, circonfcrivit une liberté qui n'étoit plus que le droit de vendre la patrie impunément, & écarta fans retour le defpotifme corrupteur fous lequel elle gémiffoit.

On concevra les fentimens qu'infpira cette révolution à l'Impératrice de Ruffie,

fie , en apprenant que dans fon traité avec le Roi de Pruffe , elle avoit engagé ce Souverain à foutenir la forme de gouvernement établie en Suède en 1720 (1).

» Les mouvemens de colère & de ven-
» geance , dit *Fréderic II* , l'auroient
» emporté dans l'efprit de l'Impératrice
» de Ruffie , fi les Turcs n'avoient pas
» réfifté avec beaucoup de fermeté, aux
» conditions dures & fàcheufes qu'on
» vouloit leur faire accepter. . . . .
» Le Roi de Suède , concevant le dan-
» ger dont il étoit menacé de la part
» de la Ruffie , fe propofoit de mettre
» le Danemarck hors de jeu , pour n'a-
» voir qu'un ennemi à combattre à-la-
» fois. «

Voilà donc un témoin augufte & irrévocable des difpofitions & des deffeins de l'Impératrice contre le Roi de Suède.

_____

(1) Voyez *Mémoires du Roi de Pruffe*, de 1763 jufques en 1775, pag. 87.

I

Après avoir lu ce qui précède, on fera surpris que dans une réponfe injurieufe (1) à la déclaration du Roi de Suède, du 21 juillet 1788, réponfe qui paroît avouée du cabinet de Pétersbourg, on ait ofé préfenter ces précautions de *Guftave III* contre le Danemarck & contre l'inimitié de l'Impératrice, fous la couleur d'hoftilités gratuites, qu'une feule menace de la Ruffie avoit fait évanouir.

Cette Puiffance, à cette époque, n'étoit pas en pofture menaçante ; & fi le Roi de Suède eût profité de l'épuifement de fon ennemi, de l'éloignement de fes troupes, périffantes de maladies & de mifère, de l'effroi & des fignes de révolte qui accompagnoient l'approche de *Pugatfcheff*, affurément il n'avoit à redouter qu'un manifefte fan-

_____

(1) Efpèce de libelle mal écrit fous le titre d'*Obfervations & éclairciffemens hiftoriques*, diftribué en Finlande avec profufion.

glant & fophiftique des Miniftres de la Czarine.

Ce Prince fe conduifit fur d'autres maximes : il épargna de nouveaux dangers à l'Impératrice , & tout fon règne fut , de notoriété publique , une chaîne d'attentions à maintenir l'harmonie entre les deux Cours.

Nonobftant cette follicitude , les intrigues Ruffes continuèrent avec plus ou moins d'activité. On affectoit de groffir aux yeux de la Nation Suédoife , les plus légers prétextes de mécontentement ; on aigriffoit les efprits par des infinuations, on répandoit des émiffaires dans les provinces.

Depuis la paix d'Abo , la Ruffie avoit travaillé fecrètement à détacher la Finlande de la Suède : outre cette entreprife , dictée par un efprit conftant d'ufurpation , les vaftes projets de la Czarine contre le Grand-Seigneur excitoient cette Souveraine , à prévenir les efforts de la Suède , alliée de la Porte

Othomane , & à la priver des facilités d'attaquer la Ruffie par un endroit fenfible. Tantôt on promettoit aux Finois de les rendre indépendants ; tantôt on fomentoit parmi eux l'efprit de révolte : le Baron *de Sprengporten* , à qui le Roi de Suède avoit prodigué des marques de confiance & de bonté , & remis des emplois importans en Finlande, fut gagné par les offres de l'Impératrice , & ne craignit pas de trahir fon Souverain , fa patrie , fes devoirs les plus facrés.

En 1786 , un Officier général Ruffe, fous le voile de la curiofité, parcourut la Finlande , en reconnut les postes, les lieux fufceptibles d'attaque ; s'attacha à captiver les habitans , & fonda leurs difpofitions.

Cette guerre clandeftine obligeoit le Roi de Suède à une vigilance fans relâche : il ne pouvoit avoir de doute fur les deffeins fecrets de l'Impératrice ; mais l'inftant d'éclater n'étoit pas arrivé,

& la crainte d'une rupture exigeoit qu'on diffimulât encore la crainte du danger où le Royaume feroit bientôt enveloppé.

Enfin la Porte Othomane fort de fa léthargie. Il feroit burlesque de difcuter de quel côté venoit l'agreffion : certes, les Turcs fatigués d'hoftilités depuis dix ans , n'étoient pas tenus d'attendre les Ruffes à Conftantinople. Il n'eft pas moins indubitable que leur traité avec la Suède , conclu en 1739, les autorifoit à folliciter des fecours , & que fi la raifon d'Etat n'avoit pas prefcrit à *Guftave III* de les accorder, fes engagemens lui en faifoient un devoir.

Auffitôt la Cour de Ruffie décida de mettre incontinent la Suède hors de combat , par les mêmes démarches qui perdirent la Pologne , affervirent la Crimée , & tinrent la Courlande fous la dépendance.

On ranima les femences de l'incendie éteint en 1772 ; le Comte *Rafoumowski* , Miniftre de l'Impératrice , reprit le rôle de ſes prédéceſſeurs : tout fut mis en œuvre pour troubler l'intérieur de l'Etat, & pour réunir une faction contre le Roi. L'Envoyé Moscovite ne mettoit pas plus de retenue dans ſes diſcours que dans ſes actions ; il exerçoit une ſéduction publique & prêchoit la révolte ouvertement. Il calomnioit le Roi auprès de ſes peuples & auprès de l'Impératrice. Ces procédés inouis s'exécutoient dans la capitale, ſous les yeux même de la Cour ; jamais Plénipotentiaire ne brava plus audacieuſement le reſpect des Souverains, les droits de l'hoſpitalité, & les devoirs de ſon emploi. Ces excès parvinrent au comble, à l'inſtant où le Roi de Suède eut arrêté de pourvoir à la ſureté de la Finlande, & de mettre en mouvement ſa flotte & ſon armée. Le Comte *Raſomowski* perdit toute meſure : ſes déclarations furent des outrages, des appels à la Nation contre ſon Souverain. Inſidieuſes & emportées à-la-fois, ces notes hoſtiles reſpiroient un fiel amer, & tendoient à le verſer dans tous les cœurs. Dans ces conjonctures, le Gouvernement conſulta ce qu'il devoit à ſon honneur, à la tranquillité publique, & au maintien du droit des gens : il ceſſa de reconnoître le Miniſtre d'une Puiſſance, dans le perturbateur du repos de l'Etat ; il le força d'abandonner le théâtre où il exerçoit des talens ſi dangereux.

Non ſeulement l'Impératrice approuva ſolennellement la conduite de ſon Miniſtre ; elle fit encore un de ſes principaux griefs de l'éloignement de cet Envoyé : l'Europe rètentit des plaintes du Cabinet de Pétersbourg, qui traita d'hoſtilité la défenſe légitime à laquelle il avoit forcé la Suède. Indigné de cette réſiſtance, il ne ménagea ni les égards que ſe doivent les Souverains, ni la prudence, ni aucun moyen de conciliation. Il offrit la paix avec inſulte, en dictant des conditions dont le feul énoncé étoit un outrage. Lorfque la victoire eut abandonnée fes armes, il eut recours à des artifices. Ses Agens pratiquèrent les Officiers de l'armée de Finlande : on entendit la Cour la plus defpotique de l'Univers, faifant réfonner le mot de liberté aux oreilles des Suédois, & quelques-uns d'entr'eux s'oublièrent jufques à correfpondre à ces perfides avances, jufques à facrifier leur devoir & le falut de leur patrie aux féductions d'une Puiffance ennemie, jufques à déferter leur Souverain à l'heure même du danger. Terrible exemple ! effrayante leçon pour les Etats que le malheur de leur étoile diviferoit d'intérêt avec la Ruffie !

Rapport actuelle de l'Angleterre & de la Pruffe avec la Ruffie.

Tel étoit l'inflexible orgueil de cette Puiffance, qu'à l'inftant où elle vit s'amonceler l'orage, la Pologne prête à rompre fes fers, la Pruffe difpofée à feconder ce généreux deffein, les Ca-

binets de Potzdam & de Londres unis
& marchant au même but ; l'Impératrice rejeta dédaigneuſement toute mé-
diation. Elle reçut avec mépris l'offre
du Roi de Suède de la réconcilier à la
Porte Othomane : c'étoit démontrer à
ce Prince la néceſſité de ſes meſures
défenſives , & celle de remplir ſes obligations envers le Grand-Seigneur.

L'intervention de l'Angleterre fut
également repouſſée , ſans égards pour
les liaiſons des deux Puiſſances, ſans
ménagement pour les ſervices qu'on en
avoit reçus , ſans attention à la foibleſſe
du nœud qui attachoit encore Londres
& Pétersbourg : la généroſité & la fierté
Angloiſe étoient bleſſées de n'eſſuyer
que des tergiverſations , des dédains,
des témoignages hoſtiles , de la part
d'une Cour qui lui devoit une éternelle
reconnoiſſance. L'expédition navale de
l'Archipel avoit été l'ouvrage des An-

glois; eux feuls en méritoient la gloire.
Les vaiffeaux délabrés de l'Impératrice,
accueillis, réparés, approvifionnés dans
les Ports de la Grande-Bretagne, n'euffent jamais franchi la Manche, fans le
fecours des Pilotes Britanniques, comme
ils n'euffent jamais incendié de flotte
Othomane fans l'habilité des Officiers de
la première des Nations maritimes. Si
l'Angleterre feule mit le pavillon de l'Impératrice en état de paroître fans déshonneur devant les Dardanelles, elle
ne la fervit pas avec moins de zèle
dans les négociations. Quelle en fut la
récompenfe ? Une défection à l'heure
où les Anglois fe virent accablés d'ennemis; cette neutralité armée que leur
enleva les Matelots étrangers qu'ils ti-
roient de la Baltique; qui fournit à la
Hollande un titre à la contrebande, &
un motif de rupture; qui enfin, pour
mériter à la Czarine la dignité de Pro-
tectrice de la liberté des mers, n'étoit

dans le fait qu'un coup mortel porté à l'Angleterre.

Les Capitalifes & les Armateurs Britanniques donnent le principal mouvement au commerce de la Ruffie, & en animent la foible circulation. Quoique la balance de ce trafic leur foit défavorable de plus d'un million fterling; quoique la moitié, au moins, des navires qui chaque année abordent à Cronftadt, foient Anglois, les Miniftres de l'Impératrice n'en ont pas moins fufpendu le renouvellement du traité de commerce entre les deux Etats: éludant les follicitations du Cabinet de Saint-James, promettant & ne terminant rien, ils ont réduit la négociation à l'inactivité, & le Gouvernement Britannique à terminer des avances, dont l'effet devenoit auffi dérifoire qu'humiliant.

Les nouvelles alliances continentales de la Grande-Bretagne, invitoient l'Impératrice à réfléchir fur l'arbitrage que lui propofoient conjointement les Rois d'Angleterre & de Pruffe. Ce dernier lui tendoit également une main amiable : plus jaloux de la gloire de Pacificateur que de celle de Conquérant, l'Héritier de *Frédéric II* tenoit la balance d'une main ferme & impartiale. Sans combats, fon règne acquéroit de jour en jour la confidération que donnent des vues mâles & mefurées, la fageffe des Confeils, & une Puiffance qui fe déploie fans excès. Le Roi de Pruffe venoit d'éventer, avant fon explofion, une mine pratiquée en Pologne par les Emiffaires de l'Impératrice, & dont l'effet eût porté également, & contre la Pruffe, & contre la Turquie. Il s'agiffoit d'une alliance particulière à former entre la République & la Ruffie. Par des déclarations énergiques, & par l'opinion qu'elle avoit imprimée de fa fermeté, la Cour de Berlin détourna ce coup, & fit revivre la Pologne. Soit que les Miniftres de l'Impératrice s'aveu-

glaſſent ſur la poſſibilité & ſur la promptitude de ce grand évènement ; ſoit
qu'enivrée d'hommages , *Catherine II*
conſultât plutôt ſes favoris que ſes intérêts , elle regarda comme indigne
d'elle de reconnoître le beſoin d'un Mé-
diateur ; elle brava tous les riſques , &
ſans la modération du Roi de Pruſſe,
on auroit vu, peut-être , cinq Puiſſances armées contre la Ruſſie.

Les faits que nous venons de rappe- *Conclusion.*
ler ſont de notre temps ; ils ont eu l'Europe entière pour témoin : elle a con-
ſidéré, avec trop de prudence peut-
être , les progrès de cette politique en-
treprenante, devant laquelle les droits
des Nations ſe ſont évanouis , la ſureté des conventions a diſparu , & l'abus
de la Puiſſance eſt devenu un titre d'u-
ſurpation. L'Empire immenſe qui , depuis vingt ans , porte ainſi tour-à-tour
chez ſes voiſins, la terreur , la corruption, le deſpotiſme ou la guerre, em-

braſſe tous les climats , & pourroit embraſſer toutes les reſſources. Des mers preſque inacceſſibles à la marine Européenne, des déſerts ou des Nations aſſervies, voilà ſes frontières. Juſques ici, il a été mal aiſé , & trop légèrement jugé impraticable, d'entamer ſon territoire. Tant que ſes ennemis reſtent ſur la défenſive , il vomit au milieu de leurs habitations des eſſaims de Barbares indiſciplinés , qui , en une campagne , détruiſent & dépeuplent des contrées : la Pruſſe &. la Pologne ſaignent encore de leurs ravages. Lorſque des troupes , qu'on tue ſans les vaincre, ſont animées, & par la ſoif du brigandage, & par un fanatiſme religieux, & par l'ambition d'un Souverain, qui, en perdant des ſoldats ne perd que des eſclaves ; malheur aux Etats qu'avoiſineroit un tourbillon ſi deſtructeur !

Il faut qu'ils achètent la paix par des ſacrifices , ou qu'ils ſe faſſent reſpecter par l'imposant appareil d'une réſiſtance proportionnée au danger. La Ruſſie menace en même temps, les Turcs, le Nord & l'Allemagne. Lequel de trois qui ſuccombe, ſon poids aidera le vainqueur à ſubjuguer les deux autres. Les efforts iſolés ne peuvent rien contre un Empire, accoutumé à jeter les hommes dans les combats, comme des grains de ſable; dont la politique n'a d'autres principes que l'intérêt, à qui la crainte ou la jalouſie promettent des alliés, & dont les maximes hardies correſpondent à la fortune qui, ſi long-temps, a ſecondé ſes projets.

Par ceux qu'elle a exécutés ſur la Pologne, on doit prévoir ceux dont elle menace la République, ſi celle-ci, après avoir recouvré ſon indépendance, ne ſonge pas ſérieuſement à ſa ſureté. Le même ſort attend la Courlande.

Avant que l'Impératrice fût unie à la maiſon d'Autriche, *Frédéric II* s'intimidoit des pas énormes de cette Souve-

raine : il avoit vu les Ruffes pénétrer
au cœur de fes Etats , & féqueftrer la
Pruffe , Royaume qui refle à découvert
tant que la Pologne & la Courlande ne
reftent pas indépendantes. Qu'eft - ce
donc maintenant, qu'auxiliaire du Chef
de l'Empire Germanique, la Ruffie s'af-
fociant à tous fes projets, peut envelop-
per la Pruffe au nord & au Levant, aider l'Empereur de fes diverfions, &
au befoin, menacer la liberté de l'Allemagne ?

La Suède refpire, grace à la fermeté
& à la prévoyance de fon Souverain ;
mais les derniers évènemens montrent
les fils auxquels tient fa tranquilité, &
l'importance d'une balance qui fixe l'Impératrice dans fes limites.

Un intérêt auffi évident devroit frapper le Danemarck, fi le fouvenir d'une
abfurde rivalité avec la Suède, & les
préjugés de quelques-uns de fes Miniftres, ne fafcinoient encore les yeux du
Gouvernement. Ne voit-il pas que fon
alliance

alliance avec la Ruffie eft un moyen de plus qu'il lui donne d'inquiéter & de tyrannifer le Nord? Ne voit-il pas qu'en fe prêtant au deffein d'affoiblir, d'annuller les Etats voifins de la Baltique, il prépare fon propre abaiffement? Quelle feroit fa fureté, fi ces Etats venoient à fubir la loi de la Ruffie, ou feulement à fe trouver fans force pour fe prêter une défenfe mutuelle? Tout femble donc ramener le Danemarck à une affociation de fureté, capable de maintenir l'équilibre, & de contre-balancer la prépondérance de la Ruffie. Qu'il prenne exemple fur le beau plan exécuté en Allemagne, fur cette ligue Germanique, qui devroit être le modèle d'une ligue du Nord, fauve-garde de plufieurs foibles réunis, contre la puiffance d'un grand Empire.

Les Etats maritimes, par leur commerce; les Etats du Midi, l'Italie furtout, & Venife en particulier, ont les mêmes intérêts, & doivent partager

K.

les mêmes craintes. Si jamais la Ruſſie s'affermiſſoit ſur la Méditerranée, il n'eſt pas donné à la prévoyance humaine d'apprécier, dans leur étendue, les conſéquences d'une ſemblable révolution.

A tant de conſidérations, j'en ajoute une qui les équivaut toutes ; celle du bonheur de la Ruſſie, de ſa vraie gloire, de ſes intérêts publics, ſacrifiés à la ſplendeur éphémère d'un Règne, dont les trophées baignent dans le ſang. Il eſt digne d'une Nation qui a étonné l'Europe de la rapidité de ſon perfectionnement, d'achever ce grand ouvrage ; elle ne le peut qu'au milieu de la paix. L'aptitude naturelle de ce peuple robuſte, flexible & pénétrant, l'aidera à ſe relever promptement de l'épuiſement où le plongent des guerres continuelles. Il a beſoin d'arts, de manufactures, de commerce intérieur & maritime, de capitaux, d'habitans. Sa civiliſation n'a pas encore paſſé les limites de Moſcou ; elle ne peut être l'ouvrage d'une Souveraine préoccupée d'idées d'agrandissement, ni de favoris tremblant sur leur sort à venir, & cherchant à prendre sur les voisins de l'Empire quelque principauté, à l'aide de laquelle ils échappent à leur destinée. Ce grand bienfait est réservé à la Noblesse, à la Nation même, faite pour donner tous les exemples qui honorent l'humanité. C'est en déployant son activité dans l'intérieur de l'Etat, qu'elle en fermera les blessures, qu'elle en soutiendra l'incommode & gigantesque dimension.

Les Russes se rappellent avec orgueil ce *Pierre I*, qui, sans le savoir, les préparoit peut-être à la liberté, en les réformant en esclaves. De tous les plans de ce grand homme, le plus admirable & le moins loué, consistoit à abandonner les deux tiers de l'Empire aux ours & à la nature ; à en concentrer la population entière dans les Provinces voisines de la Capitale ; à s'agrandir en se rappetiſſant. Cette idée eſt une critique amère du règne actuel ; critique déja ſentie, déja adoptée par l'élite de la Nation : elle a trop de raiſon, pour ne pas gémir de voir uſer tous les reſſorts de ſa puiſſance, détourner ceux de ſon génie, abîmer les reſſources publiques, ſans aucun avantage ſolide. Que lui importent ces conquêtes faſtueuſes, & ces victoires, dont la plupart n'exiſtent que dans les *Te Deum*?

Ah ! ſans doute il eſt permis de l'eſpérer, cette politique romaneſque ne gouvernera pas ce Prince, que l'Europe a vu voyager avec tant de modeſtie, exemple de toutes les vertus privées, & dont les inclinations douces conſoleront l'Empire du malheur de tant de guerres inutiles ; en ſubſtituant à ſa fauſſe grandeur celle qui réſulte de la modération des Souverains, & de la proſpérité de leurs ſujets.

F I N.